Projektleitung: Jeannine Wanner
Korrektorat: Daniel Lüthi
Gestaltung: Siri Dettwiler
ISBN 978-3-7245-2417-5

Gedruckt mit Unterstützung der Berta Hess-Cohn Stiftung, Basel

Der Friedrich Reinhardt Verlag wird vom Bundesamt für Kultur mit
einem Strukturbeitrag für die Jahre 2016–2020 unterstützt.

www.reinhardt.ch

René Salathé

Basel.

100 Bausteine

zur Geschichte
von Stadt und Land

Friedrich Reinhardt Verlag

«Baselstadt und Baselland, sind zwei Finger an einer Hand jetzt!
Es gab eine Zeit, wo sie nur ein Finger waren. Da kam ein Spryssen drein,
der Finger ward bös und endlich gab es zwei daraus.»

Jeremias Gotthelf (1851)

Vorwort

«Alles Erhaltene wird zum redenden Zeugnis der betreffenden Epoche, zum Monument».[1] So urteilte der grosse Kulturhistoriker Jacob Burckhardt (1818–1897). Ich setze seine Aussage an den Anfang meiner Anthologie, die sich im Spannungsfeld von Vergangenheit und Gegenwart in Baselstadt und Baselland bewegt. Sie umfasst 100 kleinere oder grössere Skizzen, die in der Regel von Objekten ausgehen, zuweilen aber auch biografischen Charakter haben. Warum gerade 100? Ich hatte ein Vorbild: «Eine Geschichte der Welt in 100 Objekten». Ihr Autor ist kein geringerer als der ehemalige Direktor des Britischen Museums Neil MacGregor. Natürlich masse ich mir nicht an, eine ebenso gewichtige und umfassende Objektgeschichte für Basel und das Baselbiet vorzulegen. Andererseits gilt aber doch das alte Bibelwort: Wir dürfen unser Licht nicht unter den Scheffel stellen! Basel, obwohl Stadtstaat in engen Grenzen, hat zusammen mit der Landschaft eine reiche Vergangenheit, und diese lässt sich an vielen erinnerungswürdigen Objekten sprechend festmachen. Nach welchen Gesichtspunkten habe ich eine Auswahl für dieses Buch vorgenommen? Nach der Chronologie oder nach «Wichtigkeit» und politischer Relevanz? Weder noch! Mein Ziel war es, einige geschichtsträchtige thematische Schwerpunkte herauszuschälen, immer im Wissen um die Begrenztheit und Relativität, die jeder Auswahl anhaftet. So hoffe ich denn, dass trotz der mosaikähnlichen Zusammenstellung der Blick aufs Ganze nie verloren geht.
Einige der «Bausteine» in diesem Buch sind mit freundlicher Genehmigung des Kantonsverlags Baselland meinen 2007, 2014, 2016 und 2018 erschienenen «Neuen Baselbieter Merkwürdigkeiten» mit ihren 280 historischen Essays unverändert oder aktualisiert entnommen worden.

René Salathé
Reinach, Herbst 2019

[1] Jacob Burckhardt (1983), S. 84.

Inhalt

BS- und BL-Wahrzeichen – eine Auswahl

1–12

Der Baselstab
Das Münster
Der Basilisk
Der Lällekönig
Der Basler Briefkasten
Die Fähren
Der FCB
Der Baselbieterstab
Das Regierungsgebäude
und der Kantonsmittelpunkt
Die Gemeindewappen
Der Freiheitsbaum
Das Kirschenland

»

Z'Basel am mym Rhy
Jo, do möcht i sii,
Waiht nit d'Luft so mild und lau,
und der Himmel isch so blau.
Am mym liebe,
am mym liebe Rhy do möcht i sii.

Die Basler Hymne von Johann Peter Hebel, um 1806.

Vo Schönebuech bis Ammel,
vom Bölche bis zum Rhy,
lyt frei und schön das Ländli,
wo mir deheime sy.
Das Ländli isch so fründli,
wenn alles grüent und blüeht,
drumm hei m'r au kei Land so lieb
wie euses Baselbiet.

Das Baselbieterlied von Wilhelm Senn, 1865.

«

Der Baselstab

1

Basel führt in seinem Wappen den Bischofsstab des Fürstbischofs, der bis zur Reformation seinen Sitz in Basel hatte. Er war sowohl geistlicher als auch weltlicher Herrscher des Fürstbistums Basel. Nach der Reformation und dem Verlust des Oberen Baselbiets verlegte er seinen Herrschaftssitz nach Porrentruy. Seit dem 19. Jahrhundert befindet sich der Sitz des Bischofs von Basel in Solothurn.

Der Baselstab ist auf zahlreichen Gemeindewappen in der näheren und weiteren Umgebung von Basel zu finden: auf denen von Bättwil, Bärschwil, Delsberg, Grellingen, Hochwald, Laufen, Liestal, Reinach, Röschenz und Wahlen.

2

Das Münster

«Basels Münster ist bereits die dritte grosse Kirche, die sich auf dem imponierenden Hügel erhebt. Das erste Münster wurde im Oktober 1019 im Beisein von Kaiser Heinrich II. geweiht und brannte 1185 ab. Der folgende Bau, sehr solide in romanischer Bauweise errichtet, überstand teilweise das schwere Erdbeben vom Oktober 1356 und wurde beim Wiederaufbau teilweise übernommen. Schon nach sieben Jahren konnte der neue, in eleganter Gotik entworfene Chor geweiht werden. Am 25. Juni 1500 wurde mit der Fertigstellung des südlichen Turmes das Münster in seiner heutigen äusserlichen Form vollendet. Das Neben- und Durcheinander von romanischer und gotischer Bauweise gibt ihm einen eigentümlichen Reiz. Obschon Basels Münster klein ist und weniger Schmuck aufweist als die anderen Kathedralen am Oberrhein ist es eine künstlerische Meisterleistung.»[2]

Als am 13. Juli 2019 das 1000-Jahr-Jubiläum des Münsters gefeiert wurde, erfuhr die Heinrichsglocke eine besondere Würdigung. Der Münsterbaumeister Andreas Hindemann hatte die Idee, sie zusammen mit der Orgel erklingen zu lassen, was technisch gar nicht so einfach zu realisieren war. «Hätten wir den Glockenklang live vom Turm genommen, so hätte man ihn im Münster neben der Orgel kaum gehört.»[3] Darum zeichnete man den Glockenklang auf und spielte ihn dann mit einem Lautsprecher ab. Normalerweise hört man die Heinrichsglocke nur im Ensemble mit den anderen Münsterglocken. Nur für die Jubiläumsfeier gab es eine Ausnahme.

«Die Heinrichsglocke fällt vor allem durch ihren warmen Klang auf. Gegossen wurde sie im 11. Jahrhundert. 1492 und 1566 fand ein Neuguss statt, wobei aber immer auch Bruchstücke der alten Glocke mitverwendet wurden. Die anderen sechs Münsterglocken stammen alle aus dem 19. Jahrhundert.

Vier Standbilder schmücken die westliche Fassade des Münsters neben dem gotischen Portal. Sie stellen den Kirchenstifter Kaiser Heinrich II. und seine Frau Kunigunde dar, den verführerischen ‹Fürsten der Welt› und eine törichte Jungfrau.

Der Fürst ist eine gar liebenswerte Figur. Seine Züge erfüllt ein breites Grinsen, seine Augen zwinkern schelmisch, mit der blossen Rechten macht er eine winkende Gebärde, und den rechten Handschuh trägt er elegant in der linken Hand. Auf seinem Rücken aber kriechen Schlangen und Kröten herum, die das Gift und die Sünden symbolisieren, die seine Verlockungen nach sich ziehen.

Unter dem südlichen Turm, wegen der Plastik des Hl. Martin auch Martinsturm genannt, befindet sich der bescheidene Eingang ins Münster. Dem Heiligen hat man nach der Reformation von 1529 den Bettler weggenommen, mit dem er seinen Mantel teilte. Heute steht ein sinnloser Baumstrunk an Stelle des Armen. Man könnte den heiligen Martin deswegen zum Betreuer des Umweltschutzes umfunktionieren.»[4]

[2] Hanns U. Christen und Meta Zweifel (1977), S. 15ff.
[3/4] Martina Inglin (2019).

Der Basilisk

Der Basilisk ist Basels Schildhalter. Verschiedene Sagen versuchen zu erklären, warum dieses Ungeheuer gerade in Basel populär geworden ist. Er soll zur Zeit der Gründung der Stadt in einer Höhle beim Gerbergassbrünnlein gehaust haben, nach einer anderen Version hat ihn ein Kaufmann nach Basel gebracht. Fest steht, dass in Basel im 15. Jahrhundert die bisher als Wappenhalter verwendeten Engel, wilden Männer und Löwen durch einen Basilisken ersetzt wurden – wahrscheinlich hatte die Verwandtschaft der Namen «Basel» und «Basilisk» zu diesem Wechsel geführt.
Aus dem 16. Jahrhundert ist zudem ein Tierprozess überliefert; einem Hahn wurde nachgesagt, er habe widernatürlich ein Ei gelegt, aus dem dann ein Basilisk ausgeschlüpft sei. Das geriet ihm zum Verhängnis, das Untier wurde nach ordentlichem Prozess enthauptet und das inkriminierte Ei den Flammen übergeben.
Als Ende des 19. Jahrhunderts zahlreiche neue Brünnlein eingerichtet wurden, erinnerte man sich wieder an den Basilisken und liess ihn als Brunnenfigur aufleben. Mit der schön gearbeiteten Drachenfigur, die im Ausguss Wasser für die Menschen spendet und in einer kleinen Schale am Fuss Spatzen und Hunde bedient, ist er längst zu einem eigentlichen städtischen Wahrzeichen geworden. Heute bereichern rund dreissig dieser speziellen Brunnen das Basler Stadtbild, doch haben sie als Geschenk den Weg nach Zürich und Porrentruy, nach Wien, Moskau und Shanghai gefunden.

Eine besondere Erwähnung verdient die Fremdplatzierung eines Brunnens im Oberbaselbieter Anwil. Wie kam es dazu?
«Zwar existiert keine Urkunde, aber in der Oberbaselbieter Gemeinde Anwil hat man es nie vergessen und in der 2007 erschienenen Heimatkunde des Dorfes ist es festgehalten worden. ‹Als 1832 über die Trennung der Landschaft von der Stadt abgestimmt werden sollte, bestachen die Basler die Anwiler und versprachen ihnen den Bau einer eigenen Kirche, wenn sie alle für die Stadt stimmten.› Die Anwiler standen denn auch einmütig zur Stadt, fanden sich aber in der Minderheit. Die Landschaft trennte sich von Basel, und die Anwiler mussten laut dem Chronisten ‹für ihre Bestechlichkeit bitter

3

büssen› und sich den Landschäftlern anschliessen. Eine Kirche gibt es indessen noch heute nicht in der östlichsten Gemeinde des Landkantons, die einst Basler Zollort an der Grenze zu Oesterreich war.
169 Jahre später klopfte der Gemeinderat in Basel an. Gelegenheit gab ihm die Feier ‹500 Jahre Basel bei der Eidgenossenschaft›. In einem Schreiben vom 7. August 2001 an den baselstädtischen Regierungsrat rief er die ‹geschichtliche Gemeinsamkeit› von 1832 in Erinnerung. Sie hätten sich überlegt, wie ‹wir an das frühere Versprechen von Basel an die Anwiler anknüpfen könnten›, liessen der Gemeindepräsident und die vier Gemeinderäte die einstigen Herren in der Stadt wissen. Daher seien sie zum Schluss gekommen, dass ihr 500-Seelen-Dorf allein keine Kirche brauche. Die historisch wertvolle Kirche des Nachbardorfes Oltingen mit ihren alten Fresken sei gross genug. Besser sei ein Brunnen als Zeichen der Vergangenheit und Zukunft und als Ort der Begegnung: ‹Basler und Baslerinnen sollen uns besuchen und sich mit unserem Quellwasser erfrischen, und das Wasser wiederum nimmt, seinem natürlichen Lauf folgend, den Weg nach Basel.›
Dort war man vom frischen und munteren Schreiben angetan. Unbürokratisch, auf mündlichem Wege wurden sich die beiden Behörden einig. Basel schlug einen Basilisken-Brunnen vor und stiess damit in Anwil auf Zustimmung. Denn dort wollte man keinen ‹gewöhnlichen›, sondern einen besonderen Brunnen, zumal es in Anwil schon einen als Sehenswürdigkeit eingestuften Dorfbrunnen gibt. Dass es sich beim Basilisken um ein antikes Fabeltier, einen Drachen, halb Huhn, halb Schlange handelt, der seit der ersten Hälfte des 15. Jahrhunderts als Schildhalter für Basels Wappen verwendet wurde und daher sozusagen als Wappentier Basels gilt, daran störte man sich in der Oberbaselbieter Gemeinde offensichtlich nicht, auch daran nicht, dass der Brunnen-Basilisk ein Basler Wappen hält. Das spricht für ein ungestörtes und selbstbewusstes Verhältnis zur Stadt. Am 16. Oktober 2001 beschloss die Basler Regierung, Anwil einen solchen Brunnen zu schenken und damit das nirgends verbriefte Versprechen von 1832 in modifizierter Form einzulösen.»[5]

[5] NZZ (2002).

4

Der Lällekönig

Basel war zwar nie eine Monarchie – der Trommelkönig und die Piccolokönigin, die alljährlich auserkoren werden, vermögen nicht über diese Tatsache hinwegzutäuschen – und doch gibt es den «Lällekönig».
‹Lälli› steht im Baseldeutschen für Zunge, und sie ist es tatsächlich, die der Lällekönig ganz unköniglich seinen Betrachtern über der Eingangstüre des ehemaligen Restaurants Schifflände viermal pro Minute mit rollenden Augen entgegenstreckt.
Warum gibt es ihn und was will er mit seiner doch eher unanständigen Zungenbewegung? Wir wissen es nicht. Die Interpretation, dass er als Grossbasler dem Kleinbasel die Zunge zeigt, ist unbewiesen.
Anders gefragt: «Will er die Leute einfach zum Lachen bringen? Oder handelt es sich um einen sogenannten Neidkopf? Neidköpfe gehen vermutlich auf die Kelten zurück, die fratzenhaften Köpfe wurden an Türen und Dachgiebeln angebracht. Sie sollten bösen Mächten Angst machen und sie dazu bringen, die Menschen in den Häusern zu meiden.»[6]
So oder so: Der Lällekönig ist ein echtes Basler Wahrzeichen und kann erstmals 1658 nachgewiesen werden. Als in der Zeit der Helvetik alle Zeichen der alten Herrschaft aus dem öffentlichen Raum verbannt wurden, entfernte man den Lällekönig, weil er eben ein König war. Nach dem Frieden von Lunéville vom 9. Februar 1801 erhofften sich konservative Kräfte eine Rückkehr der alten vorrevolutionären Ordnung und gewährten dem Lällekönig ein kurzes Comeback –, eine Provokation, die Aufsehen erregte und erneut zu seiner Verbannung führte. Erst 1803 wurde er wieder angebracht, und seither ist seine Zungenherrschaft unangefochten.

[6] Dominik Heitz (2017), S. 55.

Der Basler Briefkasten

Es gibt weltweit den Röhrenbriefkasten, der an den amerikanischen Wilden Westen erinnert. Es gibt in der Schweiz den auffälligen Briefkasten des Gelben Riesen. Und es gibt in Basel, und nur in Basel, den einzigartigen Berri-Briefkasten aus dem Jahr 1845. Er ist das Werk des Architekten
Melchior Berri (1801–1854) und zeigt ein weisses Täubchen auf blauem Hintergrund, ein Sujet, das in Basel – noch war jeder einzelne Kanton für den Postdienst verantwortlich – auch für das eigene Postwertzeichen im Wert von 2 ½ Rappen zum Einsatz kam und als «Basler Dybli» in die Geschichte des schweizerischen Postwesens eingegangen ist.

5

Die Fähren

6

Die vier Basler Fähren sind vielleicht jenes Wahrzeichen der Stadt, das neben dem Rathaus und dem Münster Touristinnen und Touristen am meisten in ihren Bann zieht: Sanft gleiten sie bei leisem Wellenspiel vorbei an tief beladenen Rheinkähnen und fröhlichen Rheinschwimmern. In der Erinnerungs- und Identifikationskultur der Stadt haben sie längst ihren festen Platz. Sprichwörtlich ist insbesondere die Figur des «Fäärimaa» – «Verzell doch das em Fäärimaa» heisst es, wenn Ungewohntes und Ausserordentliches zur Diskussion steht.

Der FCB

In der Schweiz gibt es keine andere Stadt, die sich über einen Verein – den FCB – so innig identifiziert wie Basel. Gegründet wurde der Verein 1893. «Behufs Gründung eines Fussballclubs», hiess es am 12. November in der Nationalzeitung, «sind sämtliche Freunde dieses Sports eingeladen, nächsten Mittwoch Abends 8 ¼ Uhr im oberen Saale der Schuhmachern-Zunft zu einer Besprechung zusammen zu kommen.»[7] Bereits elf Tage später kam es zu einem ersten Spiel des Vereins auf dem frisch eingerichteten Sportplatz Landhof, und damit begann die eindrückliche Erfolgsgeschichte des FCB. Heute widerspiegelt sich die grosse Popularität des Vereins nicht nur in den zahlreichen FCB-Accessoires, die in der Bevölkerung im Umlauf sind, sondern vor allem auch in den zahllosen Farbsignalen, die von den rot-blauen Vereinsfarben ausgehen – auf Brückengeländern, auf Verteilkästen und auf Hydranten. Sie alle sind Zeugen einer tiefen und geradezu amourösen Verbundenheit unzähliger Fans mit IHREM Verein.

[7] Jakob Weber (2018).

7

Der Baselbieterstab

Nach der Kantonsgründung von 1832 übernahm der neue Kanton Basel-Landschaft den von Liestal in seinem Wappen geführten roten und gekrümmten Bischofsstab, wendete ihn aber nach links – vermutlich, um dem Baselstab den Rücken zuzukehren. Sicher wollten die abtrünnigen Baselbieter mit dem Baselstab und der Übernahme des Bischofsstabs an die gemeinsame Geschichte der beiden Staatswesen erinnern. Doch mit der «Kehrtwendung» und der an das Liestaler Stadtwappen angelehnten roten Farbgebung wurde zugleich das Anderssein zum Ausdruck gebracht. «Neu» sind die sieben Halbkugeln (Krabben) am Knauf des Stabs; sie haben schon zu verschiedenen Spekulationen Anlass gegeben. Symbolisieren sie die ehemals sieben Landvogteien der alten Basler Landschaft oder die sieben nach dem Bauernkrieg von 1653 hingerichteten Anführer der Landschäftler? Zur Not liessen sich auch die sieben Seitentäler der Ergolz aufzählen.
Tatsächlich sind die Krabben stilisierte gotische Verzierungen, die in früheren Wappenvariationen mal als ‹Locken› am Knauf, mal als frei schwebende Kugeln oder Punkte erscheinen. Die Zahl sieben dürfte dabei eher zufällig und ohne geschichtlichen Hintergrund sein und sich irgendwann verfestigt haben, wahrscheinlich nicht zuletzt, weil die Sieben eine heilige Zahl ist.

8

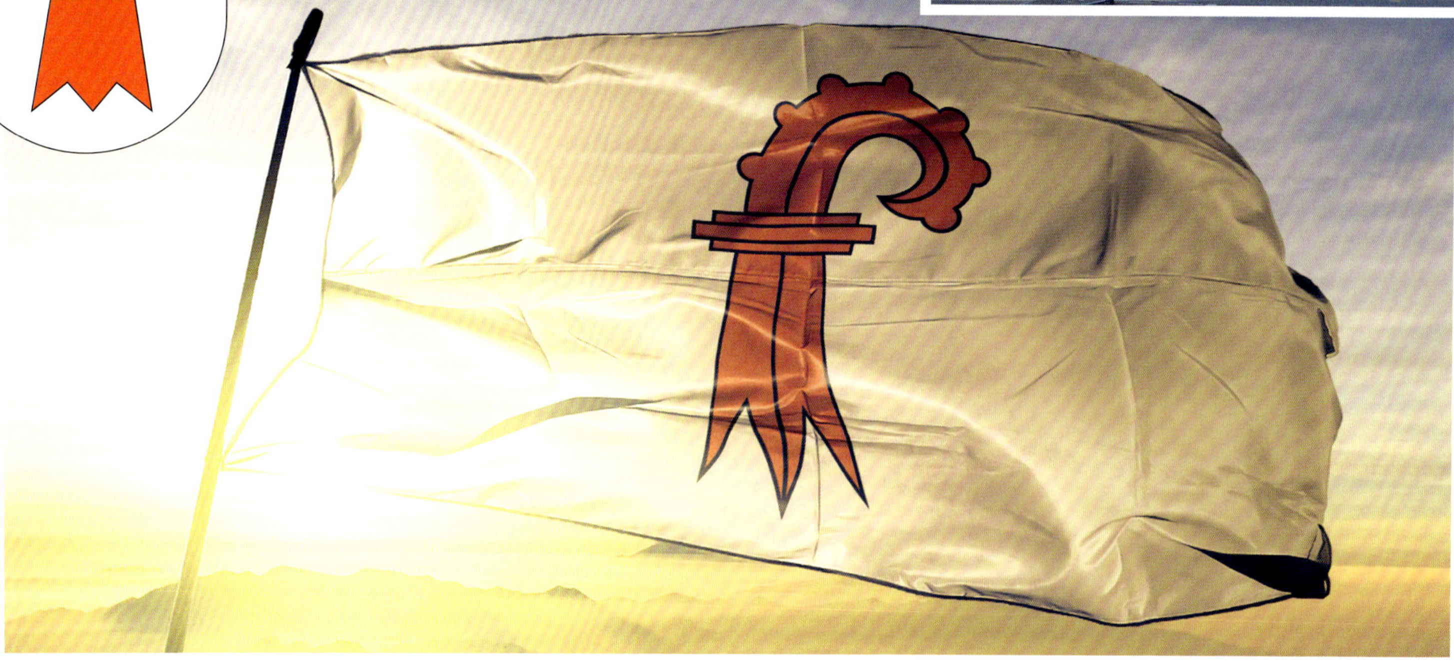

9

Das Regierungsgebäude und der Kantonsmittelpunkt

Eines der markantesten Gebäude Liestals ist das Regierungsgebäude mit seinen vielen Fensterreihen. Es wird erstmals 1431 erwähnt und diente während Jahrhunderten verschiedenen Besitzern und Aufgaben. Nach der Trennung wurde es Sitz der Regierung, was seit 1850 eine Inschrift bestätigt. Heute beherbergt das Gebäude ausser dem Regierungszimmer den Landratssaal und die Landeskanzlei. Den Haupteingang erschliesst eine zweiflüglige Eichentür, über deren Abschluss ein reiches und teilweise vergoldetes Rokoko-Gitterwerk mit Rocailles, Füllhörnern und Blumen glänzt.

Der Titel dieses Abschnittes lässt die Vermutung aufkommen, dass das Regierungsgebäude der Kantonsmittelpunkt ist. Dem ist nicht unbedingt so. Die Frage ist vielmehr, welcher Mittelpunkt ist im Titel gemeint – ist es der politische oder der geistige? Um dieser heiklen Frage aus dem Weg zu gehen, halten wir uns an die geografische Mitte: Wir umgehen damit die schwierige Entscheidung, uns entweder auf die Hülftenschanze, auf das Kantonsgericht, auf den Landrat oder auf die

KONDITOREI

geistigen Mitten – Erziehungs-, Kultur- und Sportdirektion, bzw. Universität Basel – festlegen zu müssen. Selbst die Fixierung der geografischen Mitte gibt angesichts der schwierigen Form des Kantons Knacknüsse auf. Wie viel einfacher hat es da doch der Kanton Appenzell-Innerrhoden!

Trotz der Schwierigkeiten ist es dem kantonalen Vermessungsamt aus Anlass seines hundertsten Geburtstages 1999 gelungen, den gesuchten Mittelpunkt widerspruchsfrei auszumachen und ihn für alle Welt mit einem einfachen rot-weissen Vermessungssignal sichtbar zu markieren. Er liegt unweit der Kantonsstrasse von Lupsingen nach Seltisberg im Gebiet der ‹Rüti› auf freiem Feld! «Honni soit qui mal y pense».

Die Gemeindewappen

Gemeindewappen sind Identitätsträger. 86 stehen zur Auswahl – jetzt gilt: Who is who?

Aesch I Allschwil I Anwil I Arboldswil I Arisdorf I Arlesheim I Augst I Bennwil I Biel–Benken I Binningen Birsfelden I Blauen I Böckten I Bottmingen I Bretzwil I Brislach I Bubendorf I Buckten I Burg I Buus Diegten I Diepflingen I Dittingen I Duggingen I Eptingen I Ettingen I Frenkendorf I Füllinsdorf I Gelterkinden Giebenach I Grellingen I Häfelfingen I Hemmiken I Hersberg I Hölstein I Itingen I Känerkinden I Kilchberg Lampenberg I Langenbruck I Läufelfingen I Laufen I Lausen I Lauwil I Liedertswil I Liesberg I Liestal Lupsingen I Maisprach I Münchenstein I Muttenz I Nenzlingen I Niederdorf I Nusshof I Oberdorf I Oberwil Oltingen I Ormalingen I Pfeffingen I Pratteln I Ramlinsburg I Reigoldswil I Reinach I Rickenbach I Roggenburg Röschenz I Rothenfluh I Rümlingen I Rünenberg I Schönenbuch I Seltisberg I Sissach I Tecknau I Tenniken Therwil I Thürnen I Titterten I Wahlen I Waldenburg I Wensllingen I Wintersingen I Wittinsburg I Zeglingen Ziefen I Zunzgen I Zwingen

10

Der Freiheitsbaum

Es gibt «Auftragsdenkmäler» – beispielsweise das Altdorfer Telldenkmal – und es gibt die gewissermassen zufälligen, aus der Zeit gewachsenen Denkmäler. Ein solches findet sich im Prattler Rebberg. Lassen wir uns von Daniel Bruckners «Versuch einer Beschreibung natürlicher und historischer Merkwürdigkeiten der Landschaft Basel» aus dem Jahr 1749 führen: «Zweifelt etwann noch jemand an der Ergötzung, an der Lust, welche die Betrachtung natürlicher Merkwürdigkeiten begleitet, der trete mit uns in die angeneme und gesunde Gegend Pratteln …
Er betrachte allhier in einer grossen Ebene die weitläufigen und futterreichen Wiesen, voll fruchtbarer Bäume, sonderlich in der Nähe des Dorfes, von allerlei Gattungen und Arten des niedlichsten Obsts. In den an diesen Wiesen gelegenen Weinbergen kan er durch bedächtliches Anschauen der Weinstöcke in ihrem Wachstum, Grünen, Blühen, Verblühen, Zunehmen, Reifen und andern Veränderungen mehr, versuchen, ob daher keine Freude und Vergnügen in seinem Gemüte entstehen mag. Der Wein von disem Weinberge, insonderheit der rote, kan gar wol unter die guten und kräftigen unserer Land- und Nachbarschaft gezählet werden.»[8]
Hätte Bruckner den Rebberg von Pratteln Jahre später besucht, wäre ihm sicher die Inschrift am Rebhäuschen aufgefallen: Selbstbewusst verrät sie ihre Geburtsumstände «DIE ERKENFTE FREIHEIT – IM JAHR 1832». Flankiert wird der Schriftzug beidseits mit einem hochschaftigen Freiheitsbaum.

Auf Kantonsgebiet gibt es kein anderes Gebäude, das mit einer bildlichen Darstellung eines Freiheitsbaumes aufwarten könnte. Dabei spielt er doch in der Baselbieter Tradition und Selbstständigkeitspose seit 1798, als unmittelbar vor dem Einmarsch der Franzosen in Liestal ein «Tännlin» am Spitalbrunnen angebunden wurde, eine grosse Rolle. Mit dem auf dem Brunnenstock aufgesetzten «Freyheits-Käpplin», einer Jakobinermütze, vertrat das aus Frankreich importierte Symbol unmissverständlich seine revolutionäre Botschaft.
Dem Freiheitsbaum-Symbol ist das Baselbiet auch bis in die jüngste Vergangenheit treu geblieben – 1844, als man in Basel das Jubiläum der Schlacht bei St. Jakob und das eidgenössische Schützenfest feierte, sprudelte beispielsweise vor den Toren der Stadt in Pratteln aus einem Freiheitsbaum «in starkem Born reines, geistiges Schweizerblut». Und 1932 feierte man in Liestal das hundertjährige Bestehen des Kantons u. a. mit einem 26 m hohen Freiheitsbaum. Am Ende der Feierlichkeiten wurde der Baum entastet; die besseren Stücke dienten zur Erneuerung des Rathauses, kleinere wurden als Erinnerungszeichen verschenkt. Den letzten Freiheitsbaum sah Liestal 1975 vor dem Regierungsgebäude: Er war Symbol des Widerstandes gegen das geplante Atomkraftwerk Kaiseraugst und unterstrich die von 13000 Bürgerinnen und Bürgern unterschriebene Anti-AKW-Petition.

[8] Daniel Bruckner (1749), S. 267–268.

11

DIE·ERKENFTE·
FREIHEIT·IM
IAHR·1832
HS

Das Kirschenland

Die Kirsche – ein Baselbieter Wahrzeichen! Ihr wurde von 1983 bis 2019 ein Ehrenplatz zuteil: Wer nämlich den Kanton betrat oder verliess, den grüsste auf 48 grenznahen Standorten der Haupt- und Nebenstrassen sowie an drei Standorten der Autobahn ein Kirschensignal. Es empfing vor dem Hintergrund eines stilisierten grünen und mit roten Kirschen übersäten Obstbaumes die Einreisenden mit den Worten «Willkommen im Baselbiet», die Ausreisenden entliess es mit der Bitte «Auf Wiedersehen im Baselbiet».
Kirschbäume sind im Baselbiet und besonders im oberen Kantonsgebiet ein prägendes Landschaftselement. Zur Zeit der Kirschblüte verwandeln sich die Hochflächen des Tafeljuras in ein weisses Blütenmeer, wenn auch dieses schöne Bild seit den 1980er-Jahren durch die Anlage von Niederstammkulturen etwas gelitten haben dürfte. Wie zuvor beim Kernobst gelang es nämlich damals, Kirschen in Niederstammkulturen zu bewirtschaften, wodurch der unter hohen Arbeitskosten leidende Kirschenanbau etwas rentabler wurde. Doch machen leider Niederstammanlagen, besonders wenn sie mit Plastik-Folien aufwarten, den Eindruck einer industrialisierten Landschaft.

Vor einigen Jahren war in der Zeitung von einem «Ritterschlag für die Schauenburger Hochstamm-Kirsche» zu lesen: «Die Hochstamm-Obstbäume im Baselbiet sind am Verschwinden und mit ihnen die traditionellen Sorten. Zu diesen gehört das traditionelle Schauenburger Chirsi. Um die Öffentlichkeit auf die ästhetische und ökologische Bedeutung des Hochstamm-Obstbaus zu sensibilisieren, hat Fructus, die Vereinigung zur Förderung alter Obstsorten, die Schauenburger Kirsche zur Obstsorte des Jahres 2016 gekürt. Tatsächlich galt die schwarzbraune, herzförmige Kirsche während über 50 Jahren als die Brotsorte der Baselbieter Obstbauern. Das ‹Chirsigeld› trug damals mit bis zu 25% zum bäuerlichen Einkommen bei.»[9] Lange Zeit wusste man nicht, wo der Ursprung der Kirsche war, die den Namen des renommierten Kurhauses Bad Schauenburg trug – bis der Zufall weiterhalf. In den 1970er-Jahren unternahm Pfarrer Philipp Alder aus Ziefen eine Reise nach Libanon. Er staunte nicht wenig, als ihm und seiner Frau eine Schale mit einheimischen Kirschen vorgesetzt wurde, die zweifelsfrei als «Schauenburger» identifiziert werden konnten. Des Rätsels Lösung! Emil Flury, der Hotelier von Bad Schauenburg, hatte 1900 eine Reise nach Libanon unternommen und einige Kirschenreiser mit zurück nach Hause gebracht, wo er sie auf Wildlinge pfropfte und damit ihren Siegeszug als bedeutendste Tafelkirsche der Schweiz einleitete. Mit anderen Worten: Die Schauenburger Kirsche war nicht etwa vom Baselbiet aus in den Libanon gelangt, sondern umgekehrt vom Nahen Osten in die Schweiz.
Mitte der Achtzigerjahre hatte die Schauenburger Kirsche ihren Höhepunkt überschritten. Neue und grössere Sorten drängten auf den Markt, die vielleicht geschmacklich nicht ganz an die Schauenburger herankamen, sich aber auf niederstämmig wachsenden Bäumen anbauen liessen. Alle Versuche, Schauenburger Kirschen auf schwach wachsende Unterlagen zu pfropfen, scheiterten. Damit aber erwies sich die ‹Königin der Kirschen› als untauglich für den Anbau in überdeckten Niederstamm-Anlagen.[10]

[9/10] Thomas Gubler (2016), S. 21.

12

Willkommen
im Baselbiet

Denkmäler der Geschichte

13–20

Das Stadttor
Die Burgunder Konfektschale
Das Denkmal der Trennung
Die Sirene
Der Wappenfels
«Toblerone»
«He died, so we may live in liberty»
Die Homburg und «das gute Feuer»

Denkmäler sind Erinnerungszeichen. Im Ausland begegnen wir ihnen auf Schritt und Tritt: In Italien sind es die Garibaldi-oder Vittorio Emanuele II. – Reiterstatuen, in Österreich die Maria-Theresia-Monumente. Da geht es bei uns doch viel bescheidener zu; wir begnügen uns in der Regel eher mit lokalen als mit nationalen Grössen und meiden echt demokratisch den Personenkult.

Das Stadttor

«‹Wirklich, ich muss erleben, dass mir die Vaterstadt fremd wird.› So klagte 1864 der Basler Schriftsteller Theodor Meyer-Merian. Die Ursache seines Unmuts war der voranschreitende Abriss der Stadtmauer und der Stadttore seiner Heimatstadt.»[11] Glücklicherweise entgingen in Basel das Spalentor, das St. Alban- und das St. Johanns-Tor diesem Schicksal.
Das weitgehende Verschwinden der Mauern und Tore aus der Silhouette der Städte hat mit dem im 19. Jahrhundert zunehmenden Verkehr und dem Wegfall der engen Grenzen zwischen Stadt und Land zu tun. Heute werden Stadttore ausschliesslich als historische Sehenswürdigkeiten wahrgenommen. Sie haben ihre praktische, politische und rechtliche Bedeutung verloren. Die Erfahrung, eine Stadt durch ein Tor zu betreten, ist uns fremd und die offene Stadt zum Schlüssel des Verständnisses von urbanem Raum geworden.
Wie war es denn früher? «Wer ein Stadttor passieren wollte, hatte zahlreiche Bedingungen zu beachten. Die wichtigste Frage war die der Einlasszeiten. Diese waren je nach Jahreszeit unterschiedlich: So konnte es beispielsweise vorkommen, dass die Tore im April von 1 Uhr morgens bis 20 Uhr abends, im Dezember hingegen nur von 6.30 Uhr morgens bis 17 Uhr abends geöffnet waren.
Vielenorts waren es Torglocken, die das Schliessen der Tore verkündeten und später am Abend die Sperrstunde für Gasthäuser und Schenken einläuteten. In dem heute im übertragenen Sinne gebrauchten Begriff ‹Torschlusspanik› schwingt noch das Gefühl der Angst mit, das Menschen der Vormoderne damit verbanden, nicht mehr rechtzeitig in die Stadt eingelassen zu werden.»[12]
Das Spalentor ist sicher das bekannteste Basler Stadttor; zur Zeit der Grenzbesetzung im Zweiten Weltkrieg wurde es zur Festung ausgebaut. Ein Beobachter dieser neuen Stadttor-Funktion berichtet: «Verteidigungseinrichtungen wie Bunker, Panzersperren oder Sprengkammern unter den Brücken wurden damals in der ganzen Stadt angelegt. Auch in Basels Umgebung wurde viel gebaut. Ich erinnere mich daran, dass manche Burgruinen, wie wir sie an den Sonntagsausflügen zu besuchen pflegten, nicht oder nur teilweise

betreten werden durften, weil in ihnen irgendein Beobachtungsposten oder ein Bunker eingerichtet war. Vorder-Wartenberg, Farnsburg, Dorneck oder Bärenfels waren in den Kriegsjahren teilweise gesperrt. Am stärksten aber ist das für den Kriegsfall vorbereitete Spalentor in meinem Gedächtnis haften geblieben, denn dieses erhob sich nur wenige Schritte entfernt von unserer Wohnung in der Spalenvorstadt, und wir Kinder konnten alles aus nächster Nähe erleben, was sich so tat. Seltsamerweise galt die Umgebung des Tors nicht als militärisches Sperrgebiet, nur der Tordurchgang konnte nicht benutzt werden. Die Truppe arbeitete und übte rund ums Spalentor inmitten von Zuschauern jeglichen Alters, männliches Publikum war freilich in der Überzahl. Wir Kinder waren besonders stolz, wenn wir zur Verstärkung der Befestigung beim Schleppen von Sandsäcken helfen durften.
Genau sehe ich noch die Bewaffnung des Spalentors vor mir. Auf den beiden Rundtürmen waren leichte Maschinengewehre und Fliegerabwehrlafetten aufgestellt. In den Gräben links und rechts des Vorwerkes standen zwei Infanteriekanonen, durch Sandsäcke geschützt und mit Brettern in der Farbe des mittelalterlichen Mauerwerks getarnt, und in der Tordurchfahrt zielte eine Tankbüchse auf die Spalenvorstadt. Um das ganze Tor herum schlängelte sich ein Stacheldrahtverhau. Einmal – ich weiss das Datum nicht mehr, wohl 1944 – kam es zu einem grossen Spektakel, als der Verteidigungswert des befestigten Tors im Rahmen eines Manövers getestet wurde. Massen von Zuschauern verfolgten das Kriegsspiel, den besten Platz bot die breite Treppe vor dem Polizeiposten, der sich damals beim Eingang zum Botanischen Garten befand. Überall knallte blinde Munition, und zwischen den Zuschauern rannten Soldaten herum. Den Höhepunkt und Abschluss der Übung leitete der Ruf ‹Panzerangriff von allen Seiten› ein. Nach Abbruch des Manövers parkte vor dem Restaurant ‹Charon› ein Panzer, von allen Zuschauern andächtig bestaunt.»[13]

[11/12] Daniel Jütte (2015).
[13] Werner Meyer (2012), S. 122.

13

Die Burgunder Konfektschale

«Heinrich Strübin, Sonnenwirt in Liestal und Hauptmann der Artillerie unter dem Banner der Stadt Basel, erbeutete 1477 in der Schlacht bei Nancy eine Schale aus den grossen Beständen an Silbergeschirr, die Herzog Karl der Kühne auch bei seinen Feldzügen zum Gebrauch mitführen liess. Aus dem Nachlass von Wilhelm Strübin, Pfarrer von Bubendorf, konnte Liestal 1785 die sogenannte Burgunderschale erwerben. Die runde, silberne Schale ist handgehämmert. In den leicht gewölbten Boden sind sechs grosse und sechs kleine vergoldete Vertiefungen eingetrieben; das münzartige Medaillon mit dem Herrscherbildnis gehörte nicht zur originalen Fassung. Die Schale hat einen teilweise vergoldeten ringförmigen, abnehmbaren Untersatz, an welchem drei durchbrochene Füsschen mit Rollwerk und Engelsköpfen angebracht sind (17./18. Jahrhundert). Aus derselben Zeit wie der hinzugefügte Fuss muss die eingravierte Erinnerungsschrift am Rand stammen: HEINRICH STRÜBIN GON LIECHSTAL BRACHT – DISE SCHALEN – US NANSE SCHLACHT – FLUCH HOCHMUT – FÖRCH GOTT – SINS WORTS ACHT – IM 1477 – JAR – ES(G)SCHACH.
Das Trinkgeschirr ‹wird zum Andenken an die grosse Zeit, in der es erbeutet worden ist, noch immer auf dem Rathaus aufbewahrt und nur bei feierlichen Anlässen hervorgenommen, damit daraus getrunken werde›, so schrieb Johann Jakob Brodbeck, Regierungsrat in Liestal, 1872 in seiner Chronik. Und bei solchem Brauch ist es bis heute geblieben. Die Schale hatte allerdings Karl dem Kühnen nicht als Trinkgeschirr, sondern als Konfektschale gedient: Karl verlangte nach jedem Essen ‹le vin et les épices›.»[14]

[14] Hanns U. Christen und Meta Zweifel (1977), S. 110.

14

Das Denkmal der Trennung

In eine provinzielle Geschichte führt uns das Hülftenschanz-Denkmal zwischen Frenkendorf und Pratteln. Es erinnert als schlanker Obelisk an die tragische kriegerische Auseinandersetzung von 1833, die die Kantonstrennung besiegelte. Das Denkmal wurde am 26. April 1836 auf Initiative des kantonalen Patriotischen Vereins unter grosser Anteilnahme der Bevölkerung – sie hatte das blutige Geschehen hautnah miterlebt – enthüllt. Auf der Aussenseite des Monumentes
sind die Namen der beidseits Gefallenen eingemeisselt.Während in Italien und Frankreich viele der den Kriegsgefallenen gewidmeten Denkmäler noch heute mindestens einmal im Jahr Brennpunkt einer patriotischen Erinnerungsfeier sind und mit einer Kranzniederlegung gewürdigt werden, wurde der verhängnisvolle 3. August nur gerade bis 1839 jährlich gefeiert – natürlich mit heimatverbundenem Gesang und patriotischen Ansprachen; den Verwundeten und den Angehörigen der Gefallenen wurde dabei ein Erinnerungsessen geboten.
Heute ist es um das Hülftenschanz-Denkmal still geworden, nur selten dient es als Kulisse patriotischer Feiern, beispielsweise anlässlich des 150-jährigen Kantonsjubiläums. Was kurz nach der Einweihung des Denkmals seine Gültigkeit hatte – die jährlichen Siegesfeiern der unseligen kriegerischen Auseinandersetzung wurden damals «aus Rücksicht auf die nachbarlichen Beziehungen zur Stadt Basel eingestellt»[15] –, gilt heute im Zeichen der partnerschaftlichen Bewältigung unserer grossen Gegenwartsprobleme mehr denn je. Das Hülftendenkmal bleibt sicher weiter Erinnerungsort, aber mit Verzicht auf jedwede Siegerpose.

15

[15] Adolf Häring (1986), S. 38.

Die Sirene

Die Sirene ist eine Kriegserinnerung und sie liegt mit ihrem auf- und abschwellenden hohen und unheimlichen Ton der älteren Generation noch immer im Ohr. Eingeführt wurde sie gemäss einem Bundesratsbeschluss vom 29. September 1934 im Zeichen des drohenden Weltkriegs: «Der Bundesrat sorgt für die Vorbereitung und Durchführung geeigneter Massnahmen zum Schutz der Zivilbevölkerung gegen chemische und ähnliche Kampfmittel (passiver Luftschutz), die neben der militärischen Abwehr (aktiver Luftschutz) getroffen werden.»[16] Leider liess der Ernstfall in Basel nicht lange auf sich warten. In der Nacht vom 16. auf den 17. Dezember 1940 kam es zur Bombardierung des Gundeldingerquartiers und des Bahnhofareals; vier Menschen verloren damals ihr Leben. Sirenen haben auch in Friedenszeiten nicht ausgedient; sie werden im Hinblick auf ihre mögliche Alarmbereitschaft bei zivilen Umwelt-Katastrophen gewartet und regelmässig auf ihre Funktionstüchtigkeit hin geprüft: Im Februar 2019 wurden in diesem Sinn schweizweit 7200 Sirenen getestet. Zum hoffentlich letzten ernsten Einsatz kamen sie in Basel und Umgebung am 1. November 1986 anlässlich der grossen Brandkatastrophe von Schweizerhalle. In deren Folge gelangte mit Pflanzenschutzmitteln belastetes Löschwasser in den Rhein und löste ein grosses Fischsterben aus, das bis Mannheim wirksam war.

[16] Bundesbeschluss (1934).

16

17

Der Wappenfels

Der Wappenfels von Grellingen – ein ausserordentliches geschichtliches Denkmal! Es führt in die Zeit des sogenannten Aktivdienstes 1914–1918 und 1939–1945 und überrascht im «Chessiloch», einer Birsenge bei Grellingen, wo die SBB-Juralinie durchgeht. Als wichtige Verbindung zu den Grenztruppen in der Ajoie wurde das «Chessiloch» mit seiner Eisenbahnbrücke während der beiden Grenzbesetzungen streng bewacht. Nicht weniger als 60 verschiedene Einheiten absolvierten hier ihren Dienst. Im Winter, wenn während Monaten kein Sonnenstrahl diesen unwirtlichen Ort erreichte, setzten Kälte und Langeweile den Soldaten dermassen zu, dass sie nicht zuletzt als Zeitvertreib begannen, den Fels mit Wappen und symbolischen Darstellungen zu übermalen. Heute übersäen an die sechzig Erinnerungszeichen die steile Felsenwand; meistens sind es Kantonswappen oder Embleme der Einheiten, die hier stationiert waren. Auffallend sind vor allem die grossfigürlichen Darstellungen aus der schweizerischen Mythologie, Wilhelm Tell und die Helvetia. Das «Chessiloch» zählt schweizweit zu den bedeutendsten militärischen Kulturdenkmälern: Hier hat der Réduit-Gedanke eine anschauliche künstlerische Umsetzung erfahren.

«Toblerone»

18

Toblerone, eine der weltweit bekanntesten Schweizer Schokoladen, hat Geschichte geschrieben: zum einen für sich, die Schokolade, zum anderen für ihre Heimat, die Schweiz, anlässlich der Grenzbesetzung 1939–1945. Damals wurden in aller Eile landauf, landab Beton-Panzersperren gebaut, die mit ihren bedrohlichen «Drachenzähnen» feindlichem Eindringen Halt gebieten sollten. In ihrem Aussehen erinnerten sie an die Schokolade. Viele dieser auffallenden Anlagen sind inzwischen entfernt worden, während die übrig gebliebenen eine neue Aufgabe erhalten haben. Sie dienen dem ökologischen Ausgleich und bieten bedrohten Grillen und Kleinnagern Lebensraum.

19

«He died, so we may live in liberty»

So lautet die beschwörende Inschrift eines Denkmals, das den Wanderer auf der Hochebene zwischen Aesch, Ettingen und Reinach beim Schlatthof überrascht: Es erinnert an die am 14. Oktober 1943 erfolgte Landung eines amerikanischen Bombers – die Statistik verzeichnet für die Zeit des Zweiten Weltkriegs nicht weniger als 250 Abstürze oder Notlandungen fremder Flugzeuge in der Schweiz. Die Schlatthof-Notlandung steht im Zeichen der von den Alliierten im Herbst 1943 gestarteten grössten und blutigsten Luftschlacht gegen Deutschland. Das Leimental lag damals im Windschatten dieser kriegerischen Entwicklung. «Wir haben aus unserem Tal keine grossen Ereignisse zu berichten», meldete der Leimentaler Korrespondent der Basellandschaftlichen Zeitung nach Liestal: «Von Zeit zu Zeit erhalten wir ziemlich nahen Flugzeugbesuch, wie letzthin zwei mächtige solcher Vögel ganz gemächlich von Süden herkommend am Nachmittag in ganz geringer Höhe unser Tal überflogen, gleichsam um die Gegend zu beschauen.» Doch bereits am 14. Oktober ging es nicht mehr um eine Besichtigungstour, denn um 15.40 Uhr setzte die «Lazy Baby», ein Bomber des Typs «Fliegende Festung», bei strahlendem Sonnenschein nahe beim Schlatthof mit nur einem Motor und zerschossenem Cockpit zu einer gekonnten und rettungsbringenden Bauchlandung an. Das Flugzeug war am Morgen um 10 Uhr zusammen mit 227 anderen Bombern im englischen Morgennebel gestartet. Ziel waren die Kugellagerwerke in Schweinfurt, wo fast die Hälfte des gesamten deutschen Kriegsbedarfs hergestellt wurde.

Ohne Jagdschutz-Begleitung waren die schweren und relativ langsamen viermotorigen Bomber für die schnellen Messerschmitt-Jäger der Deutschen – rund 400 waren eingesetzt worden – ein leichtes Opfer. So gingen denn der amerikanischen Luftwaffe 60 der ausgeflogenen Vögel verloren. Auch die bei Reinach gelandete und auf «Lazy Baby» getaufte fliegende Festung war von der deutschen Fliegerabwehr erwischt worden. Sie verlor drei Motoren und wies ein zerschossenes Cockpit auf. Vor allem Donald Rowley, der Navigator, hatte lebensgefährliche Verletzungen erfahren. Im Basler Bürgerspital starb er. Von den übrigen neun Besatzungsmitgliedern hatten sich zwei mit dem Fallschirm über Deutschland gerettet, die anderen sieben wurden in der Schweiz interniert.
Die Landung war eine Sensation: 30000 Menschen kamen, das amerikanische Ungeheuer zu besichtigen. «Bauern und Handwerker verlassen ihre Arbeit. So viele junge Menschen sieht man nicht oft beieinander, zahllose Velos hasten – unbekümmert ist man um die kostbaren Pneus – über die schottrigen Feldwege, Fussgänger stolpern über umgebrochene Äcker. Schliesslich kommen noch die Mütter mit den Kinderwagen. Von überall Menschen, gepackt von der gleichen Sensation – von jenem tief wurzelnden Bedürfnis, mit irgendeinem Zipfel dabei zu sein. Von einigen hundert Meter Höhe muss die Ebene aussehen wie die Umgebung eines Ameisenhaufens. Genau so sammelt sich alles auf schmalen Wegen, schliesslich mitten durch Matten und endlich – der Riese liegt vor uns schon sichtbar – mitten durch grünes Saatfeld, das wie eine fahrbare Strasse ebengetreten ist, so dass Velofahrer in ununterbrochener Reihe darüber fahren können.»
‹He died, so we may live in liberty›, heisst es auf der Bronzetafel des vom Bildhauer Kersten Käfer geschaffenen und 1995 eingeweihten Denkmals beim Schlatthof – in freier Übersetzung: «Wir, die Neutralen, sind dank dem Opfertod mutiger Freiheitskämpfer noch einmal glücklich und unverdient davongekommen.»

Die Homburg und «das gute Feuer»

20

Die 1240 erbaute Höhenburg diente von 1400 bis 1798 der Stadt Basel als Sitz der Landvögte, die in ihrem Auftrag das Amt Homburg verwalteten. 1798 gab die Stadt die Burg – oder das Schloss, wie man die Burg inzwischen nannte – als Wohnsitz des Landvogts auf. Nachdem alles noch Brauchbare ausgeräumt und versteigert worden war, zündete die Dorfbevölkerung im Geist der Französischen Revolution das verhasste Wahrzeichen der Unterdrückung in der Nacht vom 23. auf den 24. Januar 1789 an. Diese halbwegs heroische Vergangenheit liess das Homburgfest, das am 4. Juni 2011 aus Anlass der Beendigung der Burg-Restaurationsarbeiten gefeiert wurde, wieder aufleben – nicht mit Reden, sondern mit einem einmaligen von Hans-Jörg Rickenbacher gestalteten Feuerspektakel. Was hatte den «Brandstifter» zu dieser Idee gebracht?
«Eine Verbrennungsaktion am geplanten Homburgfest, das ist es. Das ist etwas, von dem ich schon lange träumte», bekennt Rickenbacher in seiner Erinnerungsschrift. «Die Burg wurde ja schliesslich vor mehr als 200 Jahren angezündet. Das ist die Idee. Es muss etwas Gewaltiges sein. Etwas Aussergewöhnliches. Etwas, das in Erinnerung bleibt. Für das Fest soll es ein Publikumsmagnet werden. Feuer – Feuerwerk – Spektakel. Formal muss es sich an die Homburg anlehnen. Es soll das Freiheitsgefühl von damals in Erinnerung rufen.»[17]
Und dann erzählt Rickenbacher von der minutiösen Vorbereitung des Events, von den unzähligen Skizzen und Masszeichnungen, vom Modell im Massstab 1 zu 10 – und schliesslich stand die hohe, beeindruckende Holzskulptur für den Transport und die «Abfackelung» bereit. Das Homburger Feuerwerk ist eindrückliches Beispiel für die Nachhaltigkeit der Geschichte – auch in unserer durch und durch rationalen Welt.

[17] Hans-Jörg Rickenbacher (2011).

FREIHEIT

Glocken – landauf, landab

21–23

Das Mässglöggli

Die Rätsche

Die Basler Glocke

«D Māss lytet vom Martinsturm –
bimebim, bimebim!
Do Sigrischt hesch, do Sigrischt nimm
e lingge Händsche efange.

D Māss lytet uus vom Martinsturm
bimebim, bimebim!
Do Sigrischt hesch, do Sigrischt nimm
der rächt derzue, de wirsch blange.

So griegt der Sigrischt, Johr fir Joahr –
bimebin, bimebin!
Symschwarze Wullefingerling,
er het schon e ganz Sammlig.»[18]

[18] Markus Fürstenberger (1999), S. 30.

Das Mässglöggli

Messen kommen und gehen – das erleben wir gerade in diesen Tagen sehr eindrücklich, doch gibt es Messen, die bleiben: Die Basler Herbstmesse ist ein Beispiel; sie ist uralt und geht auf ein Privileg des Kaisers Friedrich III. (1415–1493) zurück, ihren Anfang nahm sie am 14. Oktober 1471.
Seit 1926 wird sie immer am letzten Oktober-Samstag um Punkt zwölf Uhr mittags mit dem «Mässglöggli» im Turm der Martinskirche ein- und am dritten Messe-Samstag um 12 Uhr wieder ausgeläutet. Als Lohn erhält der Glöckner beim Einläuten einen linken Handschuh, den er dem Volk auf dem Kirchplatz aus dem Turmfenster der Martinskirche heraus als Beweis der korrekt erfolgten Entlöhnung zeigt; den rechten Handschuh erhält er nach dem Ausläuten der Messe.

21

22

Die Rätsche

Jedes Jahr schweigen die Glocken der katholischen Kirchen vom Gründonnerstag bis zum Abend des Karsamstags; ihr meistens einer festlichen Stimmung Ausdruck gebendes Geläute verstummt während der Zeit der Kreuzigung Jesu. Doch bleiben die Glocken während dieser Zeit nicht untätig, sie «fliegen» – so will es die Überlieferung – nach Rom, um den päpstlichen Segen zu holen. Erst in der Osternacht kehren sie zur Feier der Auferstehung wieder zurück.

Und wer ruft die Gläubigen während der Glocken-Abwesenheit zum Gottesdienst? Die «Rätsche» – ein Resonanzkasten aus Holz, der mittels einer Kurbel betätigt wird; seine durch Nocken auf einer Walze in Bewegung gesetzten Holzleisten ergeben ein schnarrendes und knatterndes Geräusch. Während die Stephanskirche in Therwil eine eingebaute hölzerne Rätsche aufweist, wanderte sie in Reinach ins Heimatmuseum. Doch 2008 weckten sie traditionsbewusste Reinacher aus ihrem Dornröschenschlaf; sie liessen einen originalgetreuen Neubau anfertigen, und so steht heute die neu-alte Rätsche im Turm der Dorfkirche bereit, um am Karfreitag und -samstag zwischen 9.45 Uhr und 15 Uhr wieder betrieben zu werden. In Aesch und Pfeffingen pflegt man zur Osterzeit ebenfalls das sogenannte «Rären» – «‹Nur mit Ohrenschutz. Und im Sporthemd›, sagt Alex Dänzer, ein Mitglied der Jungmannschaft. Das Rären hoch oben im Kirchturm der katholischen Kirche Aesch ist laut und Resultat knallharter Muskelarbeit.
Dänzer und seine Kameraden hieven sich über eine schmale Treppe hoch hinauf in die Kirchturmspitze und klettern auf den Mauervorsprung. Dort betätigen sie mit den Händen und den Füssen drei verschiedene Oster-Rätschen.
Mit den Nocken einer per Kurbel angetriebenen Welle kommt das rustikale Schlag-Instrument in Schwung. Hämmer knallen auf den Klangkörper der Holzraffel. Die ungewohnten Töne hallen durch das Dorf … ‹Um Ermüdungserscheinungen vorzubeugen und Taktunterbrüche zu vermeiden, greifen wir uns gegenseitig unter die Arme›, erklärt Dänzer … Er kann sich in Aesch die Karwoche ohne Rären nicht vorstellen.»[20]
Auch in Pfeffingen wird der Brauch des Rärens am Leben erhalten. Hier sind es viele kleine Kinderhände, die unter Anleitung dafür sorgen, dass fleissig an der Kurbel gedreht wird.

[20] Bea Asper (2019).

Die Basler Glocke

«Die Basler Glocke des Weilers Bärenwil bei Langenbruck führt uns mitten in die Trennungswirren, als der Weiler sich im Gegensatz zur Muttergemeinde Langenbruck weigerte, dem Kanton Basel-Landschaft beizutreten und baseltreu blieb. Die Basler belohnten diese Haltung und setzten den ehemaligen Seelsorger von Langenbruck, G.F. Bleienstein, als Pfarrer in Bärenwil ein; er war von den Baselbietern abgesetzt worden, weil er den Eid auf die neue Verfassung verweigert hatte. In Bärenwil wurde nun folgerichtig ein Haus – es beherbergt heute das Restaurant Chilchli – als Kirche umgenutzt; ein Dachreiter mit Glocke zeigte die neue Bestimmung an, und so konnte der Pfarrer fortan ein Zimmer mit Rednerpult für den Gottesdienst benutzen.
Das Bärenwiler Glöcklein schlägt heute noch zur vollen und halben Stunde und wird täglich um 11 Uhr geläutet. Mit einem Baselstab verziert, erklärt es mit Psalmenworten die Umstände seiner Geburt:

*‹Goss mich Johan Ulrich Beck in Basel 1833.
Meine Augen schauen nach den Treuen im Land,
spricht der Herr Psalm 101. 6. Als zur Zeit der
Empörung in den achtzehnhundertdreissiger
Jahren viele Freunde zu Stadt und Land mich
der treuen Gemeinde Bärenwil schenkten ...›*

Einmalig ist nicht nur diese Glockeninschrift, sondern auch der von Basel ausgehende, in Versform abgefasste und sogar vertonte Spendenaufruf ‹Die Glocke von Bärenwil. Eine freundliche Ansprache an Basel's Jünglinge und Jungfrauen›.»[19]

[19] René Salathé (2011), S. 83ff. Der volle Wortlaut des Gedichtes kann dort nachgelesen werden.

23

Coca-Cola

Zoologische Stadtspuren

24–26

Basler Elefanten

Basler Störche

Löwen in Stadt und Land

Basler Elefanten

Von Elefanten erfahren wir in Europa nicht erst seit dem Zeitalter der Entdeckungen; sie waren schon den Römern bekannt und so kann die Tatsache, dass der Kalif ar-Raschida Karl dem Grossen im Jahr 798 einen Elefanten geschenkt hat, nicht überraschen. Geheimnisvoll und faszinierend sind diese mächtigen Tiere – in Basel begegnen wir ihnen erstmals um 1200 zugleich als architektonischer Zierrat und als Säulenträger. Im Aussenchor des Münsters blicken sie auf die Pfalz. Naturnah sind die beiden Elefanten allerdings nicht, sie gleichen eher kleinen Fabelwesen; wir dürfen daher wohl davon ausgehen, dass ihr Schöpfer Elefanten nur vom Hörensagen her kannte – wie liesse sich sonst erklären, dass der eine der beiden Säulenträger pferdeähnliche Hufe aufweist, der zweite aber mit Schweinsfüssen überrascht? Unserem Elefanten-Bildhauer ging es offensichtlich nicht um die zoologische Wahrheit, seine Darstellung dieser merkwürdigen und sagenumwobenen Tiere galt ihrer Kraft.

Und wie erklärt sich ein ehemaliger Münsterpfarrer die Präsenz der beiden Elefanten? «Was wir hier vor Augen haben, sind eigentliche Fabelwesen, wie sie uns aus der Sagenwelt, aus heidnischen Religionen und von alten Tempeln her bekannt sind. Zu einer Zeit, in der die Menschen die Natur noch nicht wissenschaftlich erforschten und deshalb noch nicht zur Beherrschung ihrer Kräfte gelangt waren, brachten sie in solchen Gestalten die Mächte zur Darstellung, die ihnen in ihrem Leben begegneten und durch die sie in Schrecken versetzt wurden. Auf diese Weise hofften sie, die Gewalten zu bannen, denen sie sich sonst hilflos ausgeliefert sahen, sie abwehren oder in Dienst nehmen zu können.

24

Die Verwendung heidnischer Fabeltiere an einem christlichen Gotteshaus braucht uns nicht zu befremden, denn in der Bibel begegnen uns derartige Verkörperungen der in der Welt wirksamen Kräfte. Die Schlange, die die ersten Menschen im Paradies verführte, ist ein solches Wesen.»[21]

Und nun ein Basler Elefantenexkurs aus dem 19. Jahrhundert: Es waren einmal zwei Vettern, die nicht nur gemeinsam in der Studentenverbindung Zofingia ihr Bier tranken, sondern auch die gleichen Expeditionsinteressen hatten: Fritz und Paul Sarasin. Nachdem sie ihr Studium in Zoologie abgeschlossen hatten, schifften sie 1883 in Triest ein und reisten nach Ceylon, um im Auftrag des Naturhistorischen Museums Basel eine Sammlung von Säugetierskeletten, Amphibien und Reptilien zusammenzustellen. Drei Jahre blieben sie dort. Als sie 1886 zurückkamen, hatten sie nebst Skeletten eine junge indische Elefantendame im Gepäck. Es war der erste Elefant im Zoologischen Garten Basel. Entsprechend wurde Miss Kumbuk, wie sie genannt wurde, schnell in der ganzen Stadt bekannt und erhielt 1891 ein im maurischen Stil gebautes Haus, in dem zudem die Zebras untergebracht wurden.

[21] Fritz Buri (1961), S. 99.

25

Basler Störche

Basel ist eine Storchenstadt – oder war es zumindest. Enea Silvio Piccolomini, der spätere Papst Pius II., der zur Zeit des Konzils in Basel residierte, bezeugt es in seiner 1438 erschienenen Stadtbeschreibung: «Die Dächer der Kirchen bestehen meist aus buntglasierten Ziegeln, in denen das Sonnenlicht wunderbar zurückstrahlt ... Die Dächer sind steil, wodurch die gefährliche Ansammlung allzu grosser Schneemassen vermieden werden soll. Auf den Dachfirsten aber haben die Störche ihre Wohnung aufgeschlagen. Da nisten sie und füttern ihre Jungen. Niemand tut ihnen ein Leid an. Ja, es herrscht in Basel der Glaube, wenn man den Störchen ein Junges entwende, so legen die Alten in dem betreffenden Haus Feuer an.»[22]
Welch grosse Bedeutung dem Storch in Basel zukam, illustriert die folgende ausserordentliche Geschichte. Bekanntlich kommt es im Frühling immer wieder zu Storchenkämpfen: Streitpunkt ist das Nest – es muss von den Erstankömmlingen gegen zudringliche Artgenossen, die das gleiche Nest beziehen möchten, verteidigt werden. Als in Basel ein solcher Möchtegern-Nesträuber die bereits auf dem Rathaus nistenden Störche bedrohte, soll ein alter Ratsherr – die Geschichte spielt im 18. Jahrhundert – auf die oberste Zinne hinaufgestiegen sein und den Eindringling mit der Pistole erschossen haben. Er wolle, sagte er, nicht nur dem gekränkten Recht Beistand leisten, sondern auch den Mitbürgern klar machen, dass in dieser Stadt die Todesstrafe, die damals auf vorsätzlichem Mord bestand, nicht so schnell abgeschafft werden solle. Se non è vero, è ben trovato!

In Basel gibt es bekanntlich das Restaurant Storchen – warum dieser Name? Wir wissen es nicht, bekannt ist nur, dass gegen Ende des 19. Jahrhunderts sein Wirt während fünfzehn Jahren versucht hat, dem Namen des Etablissements mit dem Halten eines Storchen-Haustiers gerecht zu werden. Er hielt ihn im Hof und bezeugte, «dass er gegen die Leute im Haus sehr freundlich ist und dies durch Klappern an den Tag legen will».

1895 war der Storch mitten in der Stadt eine Selbstverständlichkeit; fünf Nester zählte man damals, die regelmässig besetzt waren, 1913 war es nur noch ein einziges auf dem Stadthaus. Doch inzwischen zieht Meister Adebar dank dem Zoologischen Garten und den Langen Erlen, wo Störche nisten, wieder seine majestätischen Runden über der Stadt.

Auf «Storchen-Aufwind» hofft man auch in Aesch. «Klappern statt Glockengeläut: Ruft bald der Storch zum Gottesdienst?», titelte am 13. März 2019 das Wochenblatt». «Am Samstagabend und Sonntagmorgen ist es in Aesch ungewohnt ruhig, denn die Glocken der reformierten Kirche läuten – zum Ärger einiger Kirchgänger – weder den Sonntag noch den Gottesdienst ein. Grund dafür sind die grossen, schwarzweiss gefiederten Vögel, die man in Aesch unbedingt zum Brüten bringen möchte. Seit 2013 ziert ein Storchennest – ein sogenannter Horst – den Kirchturm der reformierten Kirche.»[23]

[22] Enea Silvio Piccolomini (1438).
[23] Fabia Maieroni (2019).

Löwen in Stadt und Land

Wo es Elefanten und Störche gibt, da dürfen die Löwen nicht fehlen. Und wiederum ist es das Münster, das mit einer Löwen-Überraschung aufwartet. Löwen gelten als stark; und so kann es nicht verwundern, dass der Münsterbaumeister, als er um 1200 den romanischen Chor gestaltete, nicht nur Elefanten, sondern auch zwei Löwen als Säulenträger eingesetzt hat.
Eine ganz andere Löwenbeziehung demonstriert das Haus zum Venedig am Schlüsselberg 3. Venedig – wer denkt da nicht sogleich an das Symbol der Republik Venedig, an den Markuslöwen? Da schreitet er über Wasser und Land und verkündet um 1460, dass der Hausbesitzer Klaus Gottschalk wohl über gute Handelsbeziehungen zu Venedig verfügte.
Im Baselbiet lassen sich ebenfalls Löwen entdecken. Wir erinnern uns an den zähnefletschenden Löwen an der Westfassade des Klosters Schönthal bei Langenbruck, eindrücklich sind überdies die zwei wilden und bunt bemalten, hölzernen «Türhüter-Löwen» der Papiermühle Lausen: Drohend rollen sie ihre Augen, zwischen den Brauen hat sich eine steile Zornesfalte gebildet, die Nüstern sind gebläht und das Maul ist aufgerissen. Wer dürfte es angesichts dieser Drohgebärden wagen, das Haus unangemeldet zu betreten?

26

Bäume

27–31

Baselbieter Eichen
Die Kopfweide
Baselbieter Linden
Der Maulbeerbaum
Der Maibaum

27 Baselbieter Eichen

Kein anderer Baum wurde seit alters wegen seiner Schönheit, seinem majestätischen Wuchs und seinem hohen Alter so sehr verehrt wie die Eiche. Bei den Germanen galt die Eiche als heiliger Baum; in ihrem Schatten standen die Altäre, tagte die Volksversammlung oder das Gericht. Der Ursprung dieser Verehrung ist darin zu suchen, dass die Eiche der wichtigste Nutzbaum des Altertums war, denn ihre Früchte konnten zu Mehl verarbeitet und somit als Nahrungsmittel genutzt werden. Mit der Bekehrung zum Christentum blieb die Verehrung und Heilighaltung bestehen. Im Baselbiet, wo gegen 500 Flurnamen an diesen Baum erinnern, soll es verschiedene heilige Eichen gegeben haben, unter anderem in Oberdorf, Pratteln, Maisprach, Sissach und Therwil, wo auf dem Bruderholz «früher nach Mitteilung alter Leute an einer mächtigen Eiche bei einer Wegscheide ein Muttergottesbild» hing.[24/25]

Besonders nennenswert ist der über 500-jährige Eichenhain von Wildenstein. Er ist Zeuge einer alten Kulturlandschaft und prägt das etwas mehr als einen Quadratkilometer grosse Naturschutzgebiet Wildenstein. Das

Umfeld des erstmals in der zweiten Hälfte des 13. Jahrhunderts urkundlich erwähnten Schlosses Wildenstein wurde damals in der Dreifelderwirtschaft betreut. Der Eichenhain diente dabei als Viehweide; im Herbst waren die Eicheln ein beliebtes Futter für die Schweinemast. Heute bleiben die Magerwiesen des Wildensteiner Eichenhains von Dünger verschont, zudem werden sie im Sinne des biologischen Landbaus erst sehr spät gemäht, sodass sich eine ungewohnt reiche Blütenpracht entwickeln kann. Der Reichtum dieser alten knorrigen Bäume ist ausserordentlich: Jeder Baum bietet Lebensraum für rund 1000 Tier- und Pflanzenarten. Das modrige Innere der Bäume dient als Futter für zahlreiche Käferarten. So finden sich Fressspuren von Eichenbock- und Hirschkäferlarven. Diese sind wiederum Futter für Mittel-, Klein-, Bunt-, Schwarz-, Grau- und Grünspechte. Gross ist auch der Reichtum an Pilzen: Etwa 20 Arten gedeihen auf den Bäumen, weitere 50 Arten auf den Magerwiesen darunter. Aussergewöhnlich ist schliesslich die Vielfalt an Flechten: Mit rund 140 Sorten gehört Wildenstein zu den bedeutendsten Flechtenstandorten der Schweiz.

[24] Karl Gauss (1920).
[25] Fritz Heinis (2006), S. 19ff.

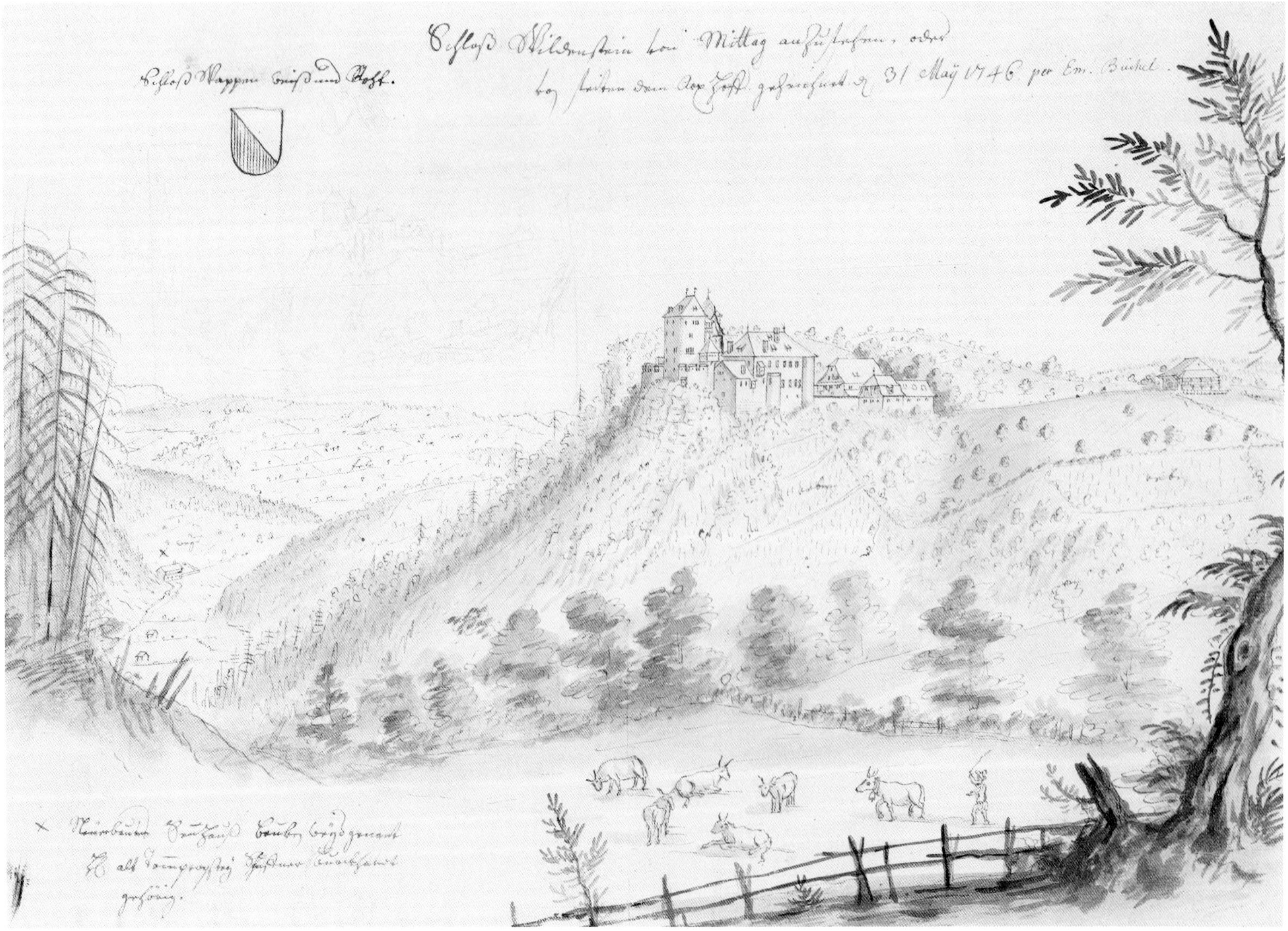

Die Kopfweide

«Da wegen dem Birsflusse eine grosse Menge der biegsamen Weiden hier (gemeint ist das Birseck) aufwachsen, so wissen sich die Bauern auch diesen Umstand zu Nutzen zu machen und verfertigen eine grosse Anzahl Körbe von verschiedener Art und Grösse, welche hin und wieder wohl verkauft werden.» Das schreibt Daniel Bruckner 1748 in seinen «Historischen und natürlichen Merkwürdigkeiten der Landschaft Basel».[26]
Welche Weiden hat Bruckner gemeint? Bruch-, Dotter-, Grau-, Korb-, Mandel-, Purpur-, Reif- oder Silberweiden? Eine reiche Auswahl steht zur Verfügung, doch all diese Arten auseinanderzuhalten und zu bestimmen, dürfte nur gerade Fachleuten gelingen. Der Laie halte sich deshalb einfach an die Kopfweide; mit ihrem knorrigen Kopf und den besenartig abstehenden Ästen ist sie unverwechselbar, obwohl sie sich in keinem botanischen Bestimmungsbuch nachweisen lässt. Bei der Kopfweide handelt es sich nämlich um keine Baumart im botanischen Sinn, sondern nur um eine Weide, die man regelmässig «auf den Kopf gesetzt hat». Weiden eignen sich dank ihres hervorragenden Austriebsvermögens besonders gut für diese Prozedur. Beim Kopfschnitt werden alle Äste auf einer bestimmten Stammhöhe entfernt. Als Reaktion überwallt der Baum die Schnittwunden und treibt neu aus.

28

Wiederholt man den Kopfschnitt periodisch, bildet sich im Schnittbereich mit der Zeit ein verdickter Kopf aus. Weil sie mit ihren Ruten einen nachhaltig nutzbaren Bau- und Werkstoff lieferten, haben Kopfweiden jahrhundertelang das Bild unserer Kulturlandschaft – besonders in der Nähe von Dörfern – geprägt. Heute braucht es gezielte Fördermassnahmen, um sie vor dem Verschwinden zu bewahren.
Bis Ende des 19. Jahrhunderts konnte Reinach als eigentliches Korberdorf gelten. Die Weiden an der Birs, die von der Gemeinde verpachtet wurden, bedeuteten für die damals arme Gemeinde eine willkommene Einnahmequelle. Gemäss der Volkszählung von 1815 kamen auf seine 558 Einwohner sechs Korbmacher; wagenweise fuhren sie ihre Korbwaren in die nahe Stadt. Nach 1931 starb der Beruf aus. Mit Demonstrationen lebt heutzutage das alte Gewerbe hin und wieder im Rahmen des Reinacher Heimatmuseums für ein paar Stunden auf.

[26] Daniel, Bruckner (1748).

29

Baselbieter Linden

Therwil besitzt ein ausserordentliches Naturdenkmal, die sogenannte Schwedenlinde am Ausgang des Dorfes an der Strasse nach Biel-Benken. Ihr «Signalement: Höhe 14 bis 15 m – Umfang: nahe am Boden 5.40 m, grösster Durchmesser der kuppelförmigen Krone 13 m – Alter? Da gehen die Meinungen auseinander; sie ist sicher 400– vielleicht sogar 600-jährig. Für die letzte Version scheint die Tatsache zu sprechen, dass die Therwiler Linde im Urkundenbuch der Landschaft Basel zweimal erwähnt wird, nämlich 1392 und 1483. Doch genügt diese Erwähnung für die Annahme von 600 Jahresringen?
So oder so hat die Therwiler Linde Geschichte erlebt: Einer Überlieferung zufolge sollen sich ums Jahr 1530 zur Zeit der Reformation die Birsecker und Leimentaler bei der alten Linde versammelt und beschlossen haben, der Religion, welche ihre Väter glücklich gemacht habe, Treue zu bewahren. Auch Heereszüge zogen an ihr vorbei, beispielsweise am 22. März 1499, dem Tag der Schlacht am Bruderholz. Während des Dreissigjährigen Kriegs, als auch schwedisches Militär unsere Gegend unsicher machte, wurde sie Zeuge zahlreicher marodierender Banden – daher vielleicht auch ihr Name. Am Fronleichnamstag 1635 gingen wegen diesen Truppen zahlreiche Häuser und Scheunen in Flammen auf.»[27]

Natürlich ist die Therwiler Linde von Altersgebresten nicht verschont geblieben. Doch obwohl ihr Stamm seit vielen Jahren hohl ist, lebt und grünt sie weiter: Erfahrungsgemäss vermögen nämlich Linden, die über einen schmalen Kranz gesunden Holzes verfügen, jahrzehntelang Stürmen zu trotzen. So wurde denn der Therwiler Baum 1977 zu Recht in die Liste der geschützten Naturdenkmäler des Kantons aufgenommen.

Nebst der Schwedenlinde ist eine weitere Linde erwähnenswert: die Liestaler Friedenslinde.
Am Nachmittag des Waffenstillstandes vom 8. Mai 1945 versammelten sich in Liestal rund 1000 Menschen, darunter 800 Schülerinnen und Schüler zu einer Feier auf der Burg, um eine Friedenslinde zu pflanzen. Jedes der Schulkinder streute dabei ein wenig von zu Hause mitgebrachter Erde auf die Wurzeln des Bäumchens. Dem Wurzelwerk gab die Festgemeinde überdies eine in einer Geschosshülle verpackte Urkunde mit, in der an die Schrecken des Krieges erinnert wurde und in der es heisst: «Mögest, du, junge Linde, dich entfalten und uns je mahnen zu Eintracht, Frieden und Freiheit.»

[27] René Salathé (2007), S. 148–149.

30

Der Maulbeerbaum

Baselland ist, beziehungsweise war einmal, ein «Maulbeerland». Von der Seidenraupenzucht auf Maulbeerbäumen erfahren wir im Baselbiet ein erstes Mal 1838. Es war General Michael Napoleon Allemandi-Ehinger, der sie versuchsweise auf dem Ehingerschen Gut in Augst einführte: «Den 3. Juni wurde eine halbe Unze von gelben Kokons ausgebrütet», entnehmen wir der Chronik. Obwohl sich später die Zahl der Kokons auf 20000 erhöhte, blieb es aber beim Versuch.

Im Oberbaselbiet versuchte man sich ebenfalls im 19. Jahrhundert in der Seidenraupenzucht und pflanzte Maulbeerbäume – nicht weniger als 11000 Jungpflanzen sollen es gewesen sein. Initiant des Baselbieter Experiments war in den Sechzigerjahren Ständerat Martin Birmann (1828–1890). Er erhoffte sich mit der Einführung und Pflege dieser Bäume das Entstehen einer Seidenindustrie; seine Empfehlungen fanden in Gelterkinden, Diegten, Iitingen, Ormalingen, Rothenfluh, Sissach, Thürnen, Wenslingen und Zunzgen Gehör, wo grosse und kleine Anpflanzungen entstanden. Während man in Wenslingen optimistisch war, tönte es in Itingen skeptisch: «Im abgelaufenen Jahr (1863) haben zwei Landwirte mit Setzen junger Bäume begonnen und eine Anzahl Seidenraupen gehalten. Ob nun aber die Seidenzucht für unser Klima und unsere Gegend das wird, was man sich erwartet, muss die Zukunft lehren.»[28]

[28] René Salathé (2016), S. 126ff.

31

Der Maibaum

Der Kanton Baselland kann mit einer ganz besonderen Baumart aufwarten; sie ist in keinem einschlägigen botanischen Baumverzeichnis aufgeführt und macht weder als Brenn- oder Schreinerholz von sich reden. Ihr Name: Maibaum. Ausserordentlich ist überdies ihre kurze «Vegetationszeit» – sie dauert höchstens ein paar Wochen und beginnt jeweils in der Nacht auf den 1. Mai. Dann werden in den Maibaum-Dörfern die Brunnenstöcke mit kleinen aufgesetzten Tännchen geschmückt – ausgeblasene Eier und farbige Bändel beleben sie. Der Frühlingsbrauch des Maibaums war lange Zeit nur gerade im Oberbaselbiet heimisch, heute hat er auch im unteren Kantonsteil Wurzeln geschlagen. Als Beispiel dient Reinach, wie in der Geschichte der Bürgergemeinde Reinach nachgelesen werden kann.[29]
Bis 2004 gab es in Reinach weder den Maibaum noch das Maisingen. Dann nahm sich die Bürgergemeinde der Sache an; sie befürchtete, dass das Dorf angesichts einer seit der Jahrhundertmitte ungebremsten Bevölkerungszunahme zu einer gesichtslosen Schlafstadt verkommen könnte und beschloss Gegensteuer zu geben.

[29] René Salathé (2015), S. 90f.

Brauch und Tradition

32–35

Der Vogel Gryff

Die Fasnacht

Ur-Töne

Der Chienbäse

Der Vogel Gryff

32

Der Brauch des Vogel Gryff, der sich alljährlich im Januar unter Trommelwirbeln und Böllerschüssen auf einem Rheinfloss und dann beim Käppelijoch auf der Mittleren Rheinbrücke und im Kleinbasel abspielt, zeugt in unserer durch und durch entmystifizierten Gesellschaft von einer selten gewordenen, ursprünglichen und geheimnisvollen Kraft. Da tanzen sie, die Schildhalter der drei Kleinbasler Ehrengesellschaften, vor dicht gedrängtem Publikum in wohlgemessener Schritt- und Körpersprache, immer mit Blick auf das Kleinbasel – der Vogel Gryff in schwerem Schuppenpanzer, der Wild Maa, ein entwurzeltes Tännlein schwingend, und der Löwe. Begleitet werden sie von den vier Narrengestalten der Ueli, die mit klappernden Büchsen Geld für Bedürftige sammeln.
2019 war Bundesrat Berset Ehrengast beim Vogel Gryff; er lobte vor dem Hintergrund des Roche-Turms, diesem neuen Wahrzeichen der Stadt, den Basler Zweiklang von Tradition und Fortschritt.

Die Fasnacht

33

Fasnacht ist überall – in Luzern, in Solothurn, selbst in Zürich – doch die «drei scheenschte Dääg», die gibts ausschliesslich in Basel. Erstaunlich und wichtig ist dabei, dass sie auch an den übrigen Tagen eines Jahres eine dominante und emotionale Stellung innehaben. Denn getrommelt und gepfiffen wird in Basel mit Leidenschaft eben nicht allein an der Fasnacht, sondern während des ganzen Jahres – in der Trommelschule oder in den Cliquen-Kellern sowie an verschiedensten Anlässen. Ganzjährig und vielseitig sind ausserdem die aufwendigen, vielfältigen und leidenschaftlichen Fasnachts-Vorbereitungen: Die Sujet-, die Larven- und die Kostümwahl – das Laternenmalen, das Larvengestalten, das Ausarbeiten der Plakette und das Abfassen der Schnitzelbänke. Keine ganzjährige Vorbereitung brauchen eigentlich nur gerade Mehlsuppe und Käsewähe, die am Morgestraich, diesem mystisch-geheimnisvollen Fasnachtsauftakt ab 4 Uhr morgens für die vielen Frühaufsteher in der Innerstadt zur Stärkung bereitstehen.

34

Ur-Töne

Wo sind die Ur-Töne zu hören – etwa im Waldesdunkel? Weit gefehlt – in Pratteln, dem ältesten und grössten Industriedorf des Kantons! Dort werden nämlich um die Fasnachtszeit die ‹Hornbueben› aktiv, wobei dieser Name heute etwas irreführend ist, denn längst sind diese Buben zu gestandenen Männern herangewachsen – und damit ist auch schon angedeutet, dass der alte Brauch heute bedroht ist. Nicht, dass behördliche Einschränkungen wirksam würden, sondern ganz einfach, weil es an Nachwuchs fehlt. Eine weitere Herausforderung ist die Beschaffung der Kuhhörner: Mit dem allmählichen Verschwinden der Metzgereien muss man sich mit importierten Hörnern zufriedengeben. Sie stammen als Stierhörner aus der Toskana oder im Zeichen der Globalisierung gar als Watussihörner aus Afrika.
Wie war es früher? Für seine wegweisende Studie «Jahresbrauch im Zeitenlauf» hat der bekannte Erforscher des Baselbieter Brauchtums Eduard Strübin (1914–2000) einen Prattler mit Jahrgang 1907 befragt: «‹Wir haben als Buben bei den Metzgern Kuhhörner gebettelt, sie zu Hause ausgekocht und sie dann beim Holzsammeln für das Fasnachtsfeuer geblasen, immer im gleichen Takt. Am Fasnachtssonntag haben wir beim Feuer oben gehornt und auch als Gruppe der Hornbueben am Fackelzug teilgenommen. ‹Was die Prattler Bueben einst auf die Idee brachte, mit Kuhhörnern auf sich aufmerksam zu machen, wenn sie mit Bauernwagen durchs Dorf zogen und ‹Wälle› und Holz fürs Fasnachtsfeuer sammelten, bleibt im Dunkeln … Auch mit dem Fasnachtsfeuer macht man in Pratteln dem Winter erst seit gut 100 Jahren Beine … So spricht denn vieles dafür, dass die Hornbuebe tatsächlich eine Erfindung der ersten Prattler Fasnachtsfeuer-Initianten war. Ihr ‹organisierter Lärm› hat sich dann im Laufe der Jahre zu einem Brauch entwickelt.»[30]

[30] Martin Stohler (2019).

Der Chienbäse

«Neue Besen kehren gut» – eine Redewendung, die für diverse Besenarten gilt, nicht aber für die im Zeichen der Vorfasnacht in Liestal alljährlich in einem Umzug im Einsatz stehenden «Chienbäse», die alles andere als nützliche Haushaltgeräte sind. Ganz im Gegenteil: «Chienbäse» fördern mit ihrem Funkenwurf und den penetranten Rauchschwaden die Verschmutzung.
Eine Journalistin, welche die Herstellung eines «Chienbäse» mitverfolgt hat, berichtet: «Roland Schaub, Chienbäse-Helfer, führt in die Kunst des Besenbindens ein. Das Grundprinzip ist immer gleich, meistens wird von aussen nach innen gearbeitet. Der Stamm des Besens, der Bengel aus Buchenholz wird zugespitzt. Danach wird das Föhrenholz zugeschnitten und die Stücke als Kranz um den Stamm genagelt. Von innen werden weitere Föhrenscheite hinzugeführt und Lücken gefüllt, bis ein dichter Strauss entsteht. «Manche geben sich sehr Mühe, andere zimmern einfach drauflos, das kann jeder so halten, wie es ihm beliebt. Die Scheite sollen aber möglichst am Stamm anliegen, so ist es am sichersten», erklärt Schaub.
Je dichter der Besen gebunden ist, desto kleiner ist die Gefahr, dass Funken beim Tragen ins Gesicht fliegen. Die Träger sind, um sich zusätzlich zu schützen, mit Kopf- und Halsbedeckungen ausgerüstet. Wenn nicht sorgfältig gearbeitet wurde, besteht die Gefahr, dass der Besen auf dem Marsch vorzeitig auseinanderbricht und den Umzug behindert. Manche brauchen einen halben Tag für einen Besen, andere drei Stunden. Hauptsache, der Besen ist am Schluss als solcher erkennbar. Die Besen sollen imposant sein und von handwerklichem Geschick zeugen.»[31]
Der Chienbäse-Umzug mit Feuerwagen symbolisiert wie zahlreiche andere Feuerbräuche die endgültige Verabschiedung des Winters. Je grösser und heftiger das Feuer brennt, desto besser für den nahenden Frühling.

[31] Delia Pfirter (2015).

91

35

PANDORA
MARCCAIN
Münsterberg

Das kulinarische Erbe

36–40

36

Die Wirtshausschilder

Die Gastro-Szene ist in Bewegung und steht unter dem Einfluss der globalisierten Reisefreudigkeit; das lässt sich schon äusserlich an den Wirtshausnamen und -schildern ablesen. Ein Beispiel aus Reinach. Da gab es doch früher den Ochsen, heute lädt er seine Gäste nicht mehr mit dem vertrauten Ochsen-Wirtshausschild ein, sondern mit einem chinesischen Schriftband.

Noch immer gibt es zahlreiche Restaurants mit gutbürgerlichen, vertrauten Namen – Linde, Traube, Rebstock, Adler, Falken, Hirsch, Schwanen, Kreuz, Harmonie, Jägerstübli – und dabei hält das Rössli im Baselbiet mit 16 verschieden gestalteten Wirtshausschildern den Rekord. Doch der Trend, sich mit fremden, oft geradezu exotischen «Federn» zu schmücken, ist unverkennbar; er macht sich vor allem nach dem Zweiten Weltkrieg verstärkt bemerkbar. Und so laden Restaurants mit fremdsprachigen Namen – italienisch, französisch und spanisch bis zu asiatischen und englisch-amerikanischen Namen – zum Essen ein: Da Angelo, Cuor d'Oro, Pizza Amore, Passagio – Bijou, Beau Site, Brasserie, Le Paradis – El Jardin, Don Pincho – Lung Shing, Restaurant Tu Chuong – Mc Donald's, Angry Monk, The Boomerang, Bombay-Palace, Bowling Park, Country Live, Kentucky Saloon. Ein wahrer Turmbau zu Babel. Das Dorf ist zur Welt geworden – oder anders: Die Welt ist zum Dorf geworden.

ZUM
ISAAK
ZUM
ISAAK
16

37

Der Hypokras

«Der Hypokras gehört zur Weihnachtszeit, wurde aber auch stets bei den Neujahrsvisiten zusammen mit Leckerli und den übrigen Weihnachtsgutzi gereicht – erstmals unter diesem Namen belegt ist er im 13. Jahrhundert in Frankreich – er war nicht nur Genussmittel sondern hatte auch eine medizinische Funktion. Aus der Medizin kommt auch der Name. Der Hypokrates-Sack war eine Art textiler Filter, den der Arzt zur Herstellung von Arzneien brauchte. Auch in England ist der Hypokras bereits im 15. Jahrhundert nachgewiesen sowie bei uns in der Schweiz.
Da es zu seiner Herstellung Gewürze braucht, die im Mittelalter rar und teuer waren, haftete immer etwas Exklusives an diesem Getränk. Gemäss dem Kulturhistoriker Morel entstand die Sitte, Wein mit Zucker und Gewürzen zu veredeln, wohl im Zusammenhang mit der von Jahr zu Jahr stark schwankenden Qualität der einheimischen Weine. Unter den Namen Glühwein, Punsch und Grogg ist der gewürzte und gesüsste Wein noch heute beliebt.
Spätestens seit dem frühen 19. Jahrhundert wurde der Hypokras in Basler Bürgerhäusern selber hergestellt. Wie bei den Gutzi-Rezepten hatte jede Familie ihre eigene Variante; die Zutaten blieben aber fast immer dieselben.
Seit 1996 hat übrigens die Zunft zum Goldenen Sternen den Brauch der Aadringgede mit Hypokras wieder eingeführt.
Am 1. Januar um 11 Uhr treffen sich Zünftige und Nichtzünftige am Münsterberg beim Dreizackbrunnen, aus dessen Röhren Hypokras statt Wasser fliesst.»[32]

[32] Karin Rey (2018).

FREIE STRA
ERG 1
1
MARC

38

Läckerli – mit y und ohne

«Es gibt Läckerli. Und es gibt Läggerli. Überdies gibt es Dutzende von Läggerli-Läckerli-Rezepten. Und der alte Basler Daig, selber zäh wie sein Läckerliteig, nickt beim Geniessen der Dinger nach dem alten Familienrezept immer stolz: ‹Unsere sind die besten!›

Meine Grossmutter läckerlte noch selber. Nur beim Teig warf sie das Handtuch. Wenn die zähe, schwere Masse in der grossen Pfanne gerührt werden und der Honig hinzugegeben werden sollte, wurden wir zum Bahnhof geschickt: ‹Holt einen Gepäckträger ...› Walterli war der kleinste aller ‹Porteurs› ... Als sei es gar nichts, wirkte und walkte das kleine Männchen im braunen Teig mit den kandierten Ingwer-, Zitronat- und Orangeat-Stückchen herum. Eine rührende Figur also. Wer schon mal selber Läckerliteig gerührt hat, weiss, dass es einfacher ist, gehärteten Zement zu Schaum zu schlagen, als den Teig unserer Basler Gutzis gut durchzuwirken.

Es gab also schon früher verschiedene Arten, in der Adventszeit die Läckerli oder Läggerli aufs Blech zu bringen. Und dann gab es eben auch die ‹Leckerly›. Mit e statt ä. Und y statt i. Schon im letzten und gar im vorletzten Jahrhundert galt das Leckerly von Karl Jakob als Geheimtipp für alle, die nicht selber den schweren Teig rühren, aber dennoch einen ganz speziellen Basler Genuss auf dem Weihnachtsgutziteller bieten wollten.

1753 ist die älteste Läckerli-Fabrikation von Basel gegründet worden. Eigentlich war das Ganze verbunden mit einem Kaffeehaus, das man an der Schneidergasse 29 betrieb. Und dort zum Kaffee auch Leckerly anbot, die damals allerdings ganz simpel ‹Lebküchlein› hiessen. Wer im Basler Adressbuch des Jahres 1826 blättert, stösst auf fünf Läckerli-Fabrikanten. 100 Jahre später waren es 15. Heute ist die kleine Backstube der Jakob's Basler Leckerly noch die einzige reine Läckerli-Manufaktur der Schweiz. Und deshalb wohl ein ganz spezielles Basler Mimpfeli. Das Geschäft an der St. Johann-Vorstadt 47 ist winzig. Man tritt ein. Und schon werden die Sinne von einem köstlichen Duftgemisch aus Honig, Ingwer, Mandeln umnebelt. In einem kleinen Pack-Zimmerchen werden die vier verschiedenen Leckerly-Sorten von den Arbeiterinnen in Schächtelchen, Blechdosen, Säckchen verpackt.
In der heimeligen Backstube ziehen die Bäcker ihre Köstlichkeiten aus dem alten Ofen:
Vier verschiedene Leckerly-Arten nach den jahrhundertalten Geheim-Rezepten von Karl Jakob selig. Im 20. Jahrhundert kam dann das neueste Rezept hinzu, ein Leckerly, das in ein feines Bad der Schweizer Edel-Schokolade aus dem Hause Felchlin eingetaucht wird.
Es braucht Mut, heute noch so ein handwerkliches Unternehmen zu führen. Und es braucht einen, dessen Herz für die Stadt, ihre Geschichte und das Läckeli brennt. Oder hier eben: für das Basler Leckerli.»[33]

[33] -minu (2018), S. 18.

Baselbieter Rezepte

1978 erschien ein kleines Büchlein «Baselbieter Rezepte»; es hielt Besonderheiten der Baselbieter Küche aus dem 19. Jahrhundert fest und hellte das schwarz-weisse Bild, das uns der Waadtländer Wachtmeister und Dichter Urbain Olivier von der Baselbieter Küche überliefert hat, etwas auf: «Diese armen Basler können keine guten Suppen oder Getränke zubereiten. Hier gibt's nichts dergleichen… Branntwein, Kohl, Speck, Kartoffeln et les éternels Schnitz – das ist die ganze Kochkunst unserer Gastgeber.» Die Baselbieter Küche hat Olivier während der Trennungswirren kennengelernt, als er in einem Baselbieter Dorf mit den eidgenössischen Ordnungstruppen stationiert war. Damals war die Küche weitgehend von der Selbstversorgung aus Feld, Garten und Stall bestimmt. Entscheidend waren die beschränkten Konservierungsmöglichkeiten, noch gab es keine Kühlschränke. Im Vordergrund stand daher die Kellerlagerung von Obst und Gemüse, das Dörren von Bohnen, Kern- und Steinobst sowie das «Einmachen» von Gemüse, Sauerkraut, Beeren und Obst. Im Frühling ging man auf die Suche nach Wildgemüsen (Bärlauch, Brennnesseln und Löwenzahn). Die einzig haltbaren Fleischkonserven waren geräucherter Speck und Rippli. Mehr als anderthalb Jahrhunderte später sind die «Schnitz» beinahe ausgestorben, und die Essgewohnheiten haben sich im Zeichen der Globalisierung stark verändert. Einige Rezepte werden hier als Auswahl aufgeführt: [34]

Schnitz mit Speck und Härdöpfel
Gedörrte oder frische Birnen- oder Apfelschnitze am Vorabend einweichen. Schnitze mit Speckwürfeln im Einweichwasser weich kochen. Eine halbe Stunde vor dem Anrichten leicht gesalzene Kartoffelstücke mitkochen. Vor dem Anrichten gut vermischen.

39

Chiirsitschoope oder Chiirsipfäffer
Im Land der Kirschen sind natürlich Kirschenrezepte zu finden. Für den Chiirsitschoope weicht man kleine Stücke alten Brots in heisser Milch in einer feuerfesten Form ein. Das lagenweise eingebrachte Brot mischt man vorzugsweise mit säuerlichen Kirschen (Surhäner) und streue etwas gemahlene Haselnüsse darüber. Dann werden drei Eier mit ½ Liter Milch, zwei Esslöffeln Zucker und einem Esslöffel Maizena verrührt und über den Auflauf gegossen. In der Mitte des Backofens braucht der Chiirsitschoope bei ca. 185 °C ungefähr ¾ Stunden.

Oepfelchüechli
Suuri Äpfel schälen und in nicht zu dicke Scheiben schneiden. Kerne herausbohren, mit Zucker und Zimt bestreuen und mit Kirschwasser begiessen, zugedeckt ½ Stunde stehen lassen. Dann tauche man jedes Stückchen Apfel in den Teig und backe sie, mit demselben reichlich umgehend, in heisser Butter schwimmend auf beiden Seiten braun, lasse sie gut vertropfen und serviere sie mit Zucker und Zimt.

Zibelegschmaus
Zwiebeln in Fett dünsten und Brotschnäfel beigeben. Mit wenig Fleischbrühe löschen. Dazu Schweinsbratwürste und Lederapfelschnitze servieren.

[34] Die Rezepte stammen aus dem Buch von Peter Suter, «Baselbieter Rezepte», herausgegeben 1978 von der Gemeinde Arboldswil.

Die Rationierung

In der Schweiz leben wir in einer Überflussgesellschaft, denn praktisch alles ist ohne Einschränkungen zu haben. Das war im 1. und 2. Weltkrieg ganz anders: Angesichts bedrohlicher Versorgungsengpässe musste mit den vorhandenen Lebensmitteln und Rohstoffen haushälterisch umgegangen werden – die Rationierung war angesagt. Sie begann am 29.08.1939 mit einer Bezugssperre für wichtige Lebensmittel (Zucker, Hülsenfrüchte, mehrere Getreideprodukte, Fette und Öle), der am 30.10.1939 die eigentliche Rationierung dieser Produkte folgte.
«Weitere wichtige Schritte waren die Einführung von zwei fleischlosen Tagen pro Woche ab Mai 1941 sowie die Fleischrationierung ab März 1942, die Milchkontingentierung ab November 1942 und die Eierrationierung ab Dezember 1942. Differenziertes Vorgehen zeigte sich beim Brot, das ab Juli 1940 nicht mehr frisch verkauft, ab Oktober 1942 rationiert und ab Mai 1943 bei Engpässen mit Kartoffeln gestreckt wurde.»[35]
Auch Schuhe, Kleider und Waschmittel blieben von diesen Massnahmen nicht verschont. Sogar die Veloschläuche wurden rationiert.

[35] Bernard Degen (2010).

40

199
warte-luege-...

Der häusliche Alltag im Wandel

41–47

Vom Einkaufen zum Shoppen
Vom Kellergemüse zum Kühlschrank
Von der Petrollampe zur Glühbirne
Von der Wäsche zur Waschmaschine
Vom Kohleglätteisen zum elektrischen Bügeln
Vom Teppichklopfer zum Staubsauger
Vom Dorfbrunnen zum Hydranten

Vom Einkaufen zum Shoppen

Einkaufen – wer kennt diesen Begriff noch? Shoppen heisst doch das Losungswort – weltweit, globalisiert! Und worin unterscheidet sich das Shoppen vom blossen Einkaufen? Während man früher – im Dorfladen, in der Bäckerei oder beim Metzger – individuell bedient wurde und obendrein gratis einen kleinen Schwatz bezog, läuft seit den Sechzigerjahren im Supermarkt alles halbautomatisch ab: Man bediene sich eines Einkaufswagens, fülle es beliebig, schliesse vor der Kasse zu den Zahlungswilligen auf, lasse die Ware auf dem Förderband zur Abrechnung gleiten, und schon ist man sein Geld los – ein Gespräch entfällt, man ist entlassen. Doch mit dieser Beschreibung ist das Losungswort «shoppen» längst nicht ausgeleuchtet. Shoppen bedeutet zudem: Lustvoll flanieren – von einem Geschäft zum anderen – von einem Angebot zum anderen – probieren und nochmals probieren – vergleichen und abwägen – und sich schliesslich entscheiden und «übertölpeln» lassen – bis zur erfüllten, zufriedenen und genüsslichen Shopping-Erschöpfung. War das Einkaufen früher Sache der Hausfrau, das Shoppen ist längst auch Männersache.

41

coop
coop
staurant
20

Self-Checkout
Self-Scanning
KEIN EINGANG
MIGROS

Vom Kellergemüse zum Kühlschrank

Dass heutzutage jeder Haushalt mit einem Kühlschrank aufwarten kann, gehört zu den Selbstverständlichkeiten unseres Alltags. Wir brauchen diese Geräte, ohne je daran zu denken, dass es sie erst seit den Dreissigerjahren des vergangenen Jahrhunderts gibt. Wie hielt man denn vorher Gemüse, Butter und andere Nahrungsmittel frisch, es sei denn, man konnte einen natureisgespiesenen kühlen Ort nutzen? Gemüse «vergrub» man im kühlen Keller, der früher nicht zementiert war, sondern eine offene Naturboden-Ecke aufwies. «Auf den Tisch kam nur Gemüse aus dem Garten ... Kartoffeln kamen vom Bauern und wurden einmal im Jahr eingekellert ... Das Anlegen von Wintervorräten dauerte den ganzen Sommer und Herbst. Bohnen aus dem Garten wurden gedörrt. Erdbeeren, Kirschen, Himbeeren, Johannisbeeren, Brombeeren, Zwetschgen und Quitten wurden zu Konfitüre verarbeitet. Pfund auf Pfund oder in Sterilisiergläser (Bühlerflaschen aus grünem Glas) abgefüllt. Aus Him- und Holunderbeeren gabs Sirup. Bei Winteranfang glänzten die gefüllten Gläser geheimnisvoll im matten Kellerlicht auf der Hurd. Fleisch gabs oft nur für den Vater ... Milch kam vom Milchmann, der sie in Tansen mit einem Pferdefuhrwerk, etwas später mit dem Elektromobil, vor die Türen brachte. Er mass sie mit dem Litermass ab in den ihm hingereichten Milchtopf oder das Milchkesseli. Nebenbei war er Auskunfts- oder Aufgabestelle für Dorfklatsch. Da die Zeit seines Eintreffens deshalb beträchtlich variierte, meldete er seine Ankunft mit einer schrillen Pfeife. Als Aufbewahrungsort für Milch, Butter, Käse diente ein kleines Kästchen im Keller mit einem engen Drahtmaschengitter, damit die kühle Luft passieren konnte.»[36]

Auch Eier wurden im Keller frisch gehalten; man hatte sie zuvor in Wasserglas in grossen Steingutbehältern eingelagert. Und Gleiches gilt für das vitaminreiche Sauerkraut, das man nicht abgepackt wie heute einkaufen konnte, sondern in aufwendiger Arbeit mit einem Sauerkrauthobel in der Waschküche selbst herstellte.

[36] Jacques Wirz (2012), S. 24ff

42

Von der Petrollampe zur Glühbirne 43

2011 forderte eine Baselbieter Nationalrätin den Bundesrat in einer Motion auf, Massnahmen «gegen unerwünschte und schädliche Lichtemmissionen» zu treffen.[37] Denn die ökologischen, sozialen und kulturellen Folgen der Luftverschmutzung durch übermässige Lichteinwirkung nähmen stetig zu. In Europa sei mehr als die Hälfte der Bevölkerung davon betroffen und in einzelnen USA-Städten gehe man sogar von einem jährlichen 30-prozentigen Anstieg dieses Phänomens aus. Unter der ständigen Helligkeit würden vor allem die Zugvögel leiden; das nächtliche Kunstlicht beeinträchtige ihren Orientierungssinn. Zudem seien Insekten durch Leuchtreklamen und Schaufensterbeleuchtung irritiert; sie würden pausenlos um diese Lichtquellen schwirren und so eine leichte Beute werden.
Nicht zuletzt beklagen die Astronomen die Tatsache, dass die Nacht zum Tag geworden sei und dass damit ein Urbedürfnis der Menschen, Sterne zu sehen und zu beobachten, nicht mehr gestillt werden könne.
Zu Beginn des dritten Jahrtausends kommt nun die Spar-Ökonomie der Ökologie zu Hilfe: War im Zweiten Weltkrieg die Verdunkelung im Baselbiet als Schutzmassnahme vorgeschrieben, so ist sie heute in zahlreichen Dörfern gemeinderätlich aus Spargründen verordnet. Daher bleiben diese Dörfer nachts teilweise dunkel, und helfen damit sowohl der Natur als auch dem Portemonnaie.

Ganz anders tönte es zu Beginn des 19. Jahrhunderts im Baselbiet, als die Elektrifizierung das Kerzenlicht und die Petrollampe verdrängte. Ein Vers eines Trinkspruchs aus Anlass der «Einweihung der elektrischen Licht- und Kraftanlage» von Eptingen aus dem Jahr 1906 belegt dies folgendermassen:

Wem bring' ich wohl das schwerste Glas?
Wem ziemt sich das?
Ein Becherglas mit gold'nem Rand,
Nimm hin, Elektra Baselland,
Die Licht und Kraft uns treu bewacht.
Ihr sei ein Ehrenglas gebracht!

Die Einführung der Elektrizität zu Beginn des 19. Jahrhunderts war eine Sensation: Mit Argwohn und Staunen wurde beobachtet, wie Stangen aufgestellt und Leitungen ausgelegt wurden. «Als ‹Hexer› genossen die Elektriker eine bange Bewunderung und stellten das Bindeglied zwischen der gefürchteten oder zumindest unvertrauten Elektrizität und deren Handhabung dar. Das Zusammenlaufen der ganzen Haushaltung, die gebannte Aufmerksamkeit und die unerwarteten Reaktionen, welche sich einstellten, geben nicht nur Auskunft über die soziale Aufmerksamkeit, die Verhaltenserwartung und die Assoziationen der Leute, sondern auch über die liebevolle Inszenierung durch die Elektriker. Sie kündeten den grossen Moment an, warteten bis alle zusammengeströmt waren und realisierten dann mit einer vielleicht sekundenlangen Drehbewegung ihre Aufführung.»[38]

[37] Susanne Leutenegger Oberholzer (2011).
[38] Florian Blumer-Inofri (1991), S. 153.

Von der Wäsche zur Waschmaschine

44

Was heutzutage der vollautomatische Waschautomat auf Knopfdruck erledigt, das war bis in die Mitte des letzten Jahrhunderts Sache der Hausfrau, die entweder allein oder zusammen mit einer Waschfrau dieses mühsame Handwerk in der dampfenden und schweisstreibenden Waschküche vollbrachte. Bereits um fünf Uhr früh war der grosse Waschhafen angefeuert worden, damit um 7 Uhr die Arbeit beginnen konnte. Adalbert von Chamisso (1781–1838) hat der Waschfrau 1836 ein dichterisches Denkmal gesetzt. Die erste Strophe lautet:

Du siehst geschäftig bei den Linnen
Die Alte dort im weissen Haar.
Die rüstigste der Wäscherinnen
Im sechsundsiebenzigsten Jahr.
So hat sie stets mit saurem Schweiss
Ihr Brot in Ehr' und Zucht gegessen.
Und ausgefüllt mit treuem Fleiss
Den Kreis, den Gott ihr zugemessen.

«Mitte der Fünfzigerjahre», berichtet eine Zeitzeugin, «zog eine Waschmaschine in den Keller des Mietshauses ein und setzte den Waschtagen mit der tüchtigen Waschfrau, dem Dampf, den Einweichbottichen, dem Schöpfer, dem Waschbrett, den Seifenflocken und der Schwinge ein Ende.»[39]
Wenn von der Wäsche in vergangener Zeit die Rede ist, dann darf nicht unerwähnt bleiben, dass es ausser dem quasi individuellen ein kollektives Waschen gab, dessen Spuren im Baselbiet in zahlreichen Dörfern – vor allem im Oberbaselbiet – heute noch das Dorfbild prägen – so beispielsweise in Ziefen mit seinen zwei «Buuch- oder Waschhüslis».[40]

Sieben Waschhäuser waren es im Jahr 1760 auf 124 Wohnhäuser, die meist noch keinen Wasseranschluss besassen. Ihre Benützer hatten sich entschlossen, das kostbare Nass gemeinsam zu nutzen und sich deshalb zu einer Brunnen- oder Waschhaus-Genossenschaft zusammengefunden. Sie kamen zusammen für den Unterhalt auf, während die Herausgabe

warte-luege-...

der Schlüssel und die Kassenführung einem Waschhausmeister übertragen wurde. «Wie ischs bi sonere Wöscherei zugange?» Das erklärt uns die Alt-Zieferin Lisa Zeller (1896–1974). Sie löst auch das Rätsel auf, das sich im Begriff «Buuchhüsli» versteckt: Als Waschmittel diente Buchenasche, die dem kochenden Wasser tagsüber als Lauge beigegeben wurde. Nachts um zwölf begann jeweils die eigentliche Wäscherei: Wäschestück um Wäschestück wurde von Hand unter Zuhilfenahme von Seife bearbeitet und dann zum Trocknen aufgehängt.
«Buuchet hai mir sälbi Zyt öppe zwöi bis viermol im Johr. Wär weniger Wösch gha het, dä het me zu de-n-Arme zellt und die Ryche hai uf si abe gluegt. Bi sonere Buuchi sy au d'Dorfneuigkeite und Gschichte us aller Wält duregnoh worde … Sone Buuchi isch Schwerarbet gsi und wenn derzue no s'Wätter nit rächt het welle, so isch mängisch au bi de Fraue s'Wätterglas uf Schturm glandet. Kei Wunder, sy si rumpelsurig worde, und d'Manne hai nüt z'Pfiffe gha. Derno het's halt gheisse: Wenn d'Wyber buuche und bache, selle sich d'Manne zum Huus us mache.»
Mit der Moderne war die Zeit des genossenschaftlich betriebenen «Buuchhüslis» abgelaufen. 1976 wurden sämtliche im Grundbuch eingetragenen Wasserhausrechte der ehemaligen Mitglieder durch einen Beschluss der Gemeindeversammlung gelöscht und die damals noch erhaltenen zwei «Buuchhüslis» rechtlich in den Besitz der Gemeinde überführt. Heute stehen sie unter Schutz.

[39] Christine Burckhardt- Seebass (2012), S. 201.
[40] Franz Stohler (1980).

Vom Kohleglätteisen zum elektrischen Bügeln

Bügeln will gelernt sein: Damals galt dies besonders, heute dank dem komfortablen und elektrisch betriebenen Glätteisen weniger. Bis zur Elektrifizierung des Alltags war Bügeln ein anspruchsvolles Handwerk, das Planung, Können und Geschick verlangte. Die Planung begann beim Einkaufen von Glättekohlen, die vor dem Einfüllen in das Glätteisen vorgewärmt werden mussten, bis sie glühten. Damit die Glut länger anhielt, wurden frische Kohlen beigegeben. Wenn das nicht half und die Glut zu erlöschen drohte, versuchten die Frauen durch Schwingbewegungen die Kohlen zu belüften. Wehe, wenn dabei die Asche aus den Belüftungslöchern fiel und die frisch gewaschene Wäsche beschmutzte!
Die 1899 gegründete Liestaler Prometheus AG war eine der ersten Schweizer Firmen des elektrischen Gerätebaus. Im Ersten Weltkrieg erlebte dann das elektrische Bügeleisen einen enormen Aufschwung und dürfte sich in den Dreissigerjahren weitgehend durchgesetzt haben.

45

46 Vom Teppichklopfer zum Staubsauger

Es gibt ihn nach wie vor – den Teppichklopfer – er ist aber selten geworden. Bei der älteren Generation weckt er noch immer zwiespältige Gefühle, diente er doch bis weit nach dem Zweiten Weltkrieg in der Schule und oft zu Hause neben dem Rohrstock als Hilfsmittel zur körperlichen Züchtigung. Dabei ist ihm eine ästhetische Komponente nicht abzusprechen; mit seinem schönen Weiden- oder Rattangeflecht erinnert er an ein Kleeblatt. Und wie verwendete man den Teppichklopfer im Haushalt? Man schleppe das Reinigungsobjekt zu einer im Hof vor dem Haus angebrachten Teppichstange und hänge es auf. Um den ausgeklopften Staub besser entweichen zu lassen, halte man den Teppich etwas von der Stange weg und dann klopfe man, am besten im Takt zu zweit – zuerst die Vorder-, dann die Rückseite. Alternativ konnte man früher – als es noch schneereiche Winter gab – die Teppiche schnee-klopfen.

2 bar
l/min.
No 314
Hinni
55
55
55

47

Vom Dorfbrunnen zum Hydranten

Der Hydrant gehört so selbstverständlich zum Inventar unserer Dörfer und Städte, dass man ihn gar nicht mehr wahrnimmt. Gewissermassen als «Ikone des öffentlichen Raums»[41] hat er gegen Ende des 19. Jahrhunderts Eingang in unsere Strassenlandschaft gefunden. Seither liefert er zuverlässig im Dienst einer hochmodernen und effizienten Wasserversorgung Haushaltswasser und steht zudem als möglicher Retter in der Not bei Feueralarm bereit: Längst ist die Zeit vorbei, als man in Städten und Dörfern Feuereimer bereithalten musste, damit bei einem Brand Brunnenwasser geschöpft werden konnte.
Brunnen – ein Wort, das vielfältige Erinnerungen weckt. Zunächst denken wir natürlich an die vielen alten Brunnen, welche unsere Stadt zieren.
Erinnerungswürdig ist indessen – nota bene: ausschliesslich für männliche Stadtgänger! – unweit der Freien Strasse am Schlüsselberg auch ein sehr baslerischer, nicht alltäglicher Brunnenhinweis, der in der Dämmerung sogar farbig leuchtet!

[41] NZZ (2009).

Schule und Freizeit

48–50

Die Schiefertafel, das Griffelschächtlein und die Schwammbüchse

Das Tintenfässchen

Sport und Spiel

Die Schiefertafel, das Griffelschächtlein und die Schwammbüchse

Aller guten Dinge sind drei – so etwa könnte man die Grundausrüstung einer Primarschülerin oder eines Primarschülers von damals zusammenfassen. Gut verstaut, fanden sich diese drei Utensilien – die Schiefertafel, das Griffelkästchen und das Schwammbüchslein – klappernd im übergrossen Schultornister, der jeden Morgen, am Rücken eines Primarschülers baumelnd, den Weg zum Schulhaus zurücklegte. Dort mussten Schülerinnen und Schüler in Reih und Glied antreten, bis der Lehrer den Weg ins Unterrichtszimmer frei gab.

Dann hiess es: Auspacken – setzen. Jeden Montagmorgen wurde dabei der Schulalltag mit einer kleinen «Geräte-Inspektion« eingeleitet. Es war wie ein Vorgriff auf die Rekrutenschule. Die Kontrolle galt vor allem der kleinen, in einem Holzrahmen eingefassten schwarzen Schiefertafel aus echtem Elmer Schiefer. Sie war auf der einen Seite mit Linien ausgestattet, auf der anderen kariert. Am Montagmorgen hatte sie eine Wochenend-Reinigung mit Seife und Bürste hinter sich. Wehe dem Dreikäsehoch, der es unterlassen hatte, dieses Ritual zu befolgen!

Im hölzernen, mit einem Schiebedeckel versehenen Griffelkästchen lagen feine Griffel, bereit für erste, noch tintenfreie Schreibversuche. Wozu aber diente das Schwammbüchslein? Es barg einen kleinen Kunst-Schwamm, um eben diese ersten Schriftzüge von Einsatz zu Einsatz zu «löschen» und so das «Übungsfeld» für die nächsten Schriftversuche bereit zu halten. Das ewig feuchte Schwammbüchslein war für die angehenden Schriftkünstler von besonderer Wichtigkeit: Fern von wissenschaftlich ausgerüsteten Labors mit Nährlösungen und Mikroskopen diente es als natürliches Biotop für Bohnen und anderes Kleingewächs. Naturnähe und Natürlichkeit waren angesagt! Die «Bohnenkultur» wurde in einem kleinen Schwammbüchslein angelegt, wo der Schwamm für das Tafelreinigen untergebracht war. Wo liessen sich sonst mühelos ohne grosse Installationen Wachstumsstudien in freier Wildbahn beobachten? Der Erfolg solcher Bemühungen wurde auch nicht durch die spezifischen Geruchsimmissionen, die jeweils von diesen zarten Bohnenpflänzchen ausgingen, geschmälert! Pure Natur in Griffweite im Griffelkästchen!

48

49 Das Tintenfässchen

Tinte – was ist das?, höre ich heute Erstklässler fragen. Was ein Bleistift ist, das wissen sie, aber eine Füllfeder ist für sie ein Fremdwort. Ganz anders bis weit über den Zweiten Weltkrieg hinaus – Tinte, Federhalter, Tintenklecks, Löschpapier, das alles gehörte ganz selbstverständlich zum Schulalltag; eine Schülerin von anno dazumal erinnert sich:
«Natürlich kannten wir in den Vierzigerjahren noch keine Füllfedern in der Schule. An jedem Pültchen war am oberen Rand ein Tintenfässchen versenkt, das man mit einem Schiebedeckel schliessen konnte. Dort tauchte man die am hölzernen Federhalter befestigte Stahlfeder ein und schrieb dann solange die Tinte reichte, holte wieder einen Tropfen, schrieb … usw. Es war eine schwierige Kunst. Erwischte man zu viel Tinte, gabs einen Tintenklecks, hatte man zu wenig, war die Schrift zu blass. Ab und zu musste man die Feder am Tintenlappen abwischen, weil Papierfäserchen daran klebten. Dann blieben dafür Fädchen vom Lappen in der Spalte vorn an der Federspitze hängen. Auf jeden Fall waren am Ende der Schreibstunde die Finger blau und das Schruppen mit Scheuerpulver vorprogrammiert. Die überschüssige Tinte, der sogenannte ‹Tolggen›, versuchte ich mit einer Ecke des Löschblattes aufzusaugen. Löschblätter, ein saugfähiges Papier, lagen damals jedem Schulheft bei. Es eignete sich auch zum Blumenpressen. Ich besass zudem einen Tintengummi, mit dem ich die Flecken ausradieren konnte. Aber leider rasierte ich manchmal ein Loch ins Papier. So war schnell die ganze sorgfältige Arbeit zerstört und die Freude dahin.»[42]

42 Christine Burckhardt Schaub (2012), S. 152.

Sport und Spiel

Heute eine Selbstverständlichkeit – früher die Ausnahme: Gemeint ist der in Vereinen organisierte Sport. Vor siebzig Jahren wurde Sport, wenn überhaupt meistens ganz privat betrieben, so beispielsweise das unbeholfene Skifahren auf «Fasstauben» oder das Schlittschuhlaufen auf primitiven «Schraubendämpferli». In der wärmeren Jahreszeit war Spielen im Freien angesagt, insbesondere auf den damals noch weitgehend verkehrsfreien Strassen. «Wir malten Hüpfspiele auf die Strasse, spielten mit dem Ball oder rannten miteinander um die Wette. Unsere Murmeln schoben wir ins Loch eines Dolendeckels ... Aufregend für uns Kinder wurde es, wenn der Herr mit dem Citroën vorfuhr. Manchmal durften wir auf dem Trittbrett dieser Limousine ein paar Meter mitfahren. Autos waren sonst im Quartier kaum zu sehen.»[43]

Heute leben wir gewiss im Zeitalter des Autos, aber auch das Trottinett hat sich gemacht. Was vor etwa fünfzig Jahren reines Spielzeug war, hat sich heutzutage zu einem Verkehrsmittel entwickelt, notabene: für Klein und Gross. Man – Mädchen wie Buben – geht nicht mehr zu Fuss in die Schule, man nimmt das Trottinett und verunsichert – nomen est omen – rudelweise die Trottoirs, die einst allein den Fussgängern zum «Trott» vorbehalten waren. Pfeilschnell, lautlos und überraschend schiessen sie an einem vorbei – mit und ohne Helm. Bald wird es wohl analog zu den reinen Autostrassen zusätzliche Strassen geben, die ausschliesslich den Trottinettlenkern vorbehalten sind.

Wie alles in der Welt, so wandelt sich gleichermassen die Spielkultur. Dem Jo-Jo-Spiel ist zugute zu halten, dass es bereits in der Antike «geübt» wurde – das beweist attische Keramik um 440 v. Chr. 1932 wurde es in Frankreich als «jüngstes Modespiel» charakterisiert, es sei eine «Art Kaugummi für die Hand».[44] Besonders populär war das Jo-Jo in Amerika, wo beispielsweise 1962 45 Millionen verkauft wurden. Jo-Jo liess sich ohne grossen Aufwand überall spielen, ganz so, wie heute das Handy unverzichtbares Allerweltszubehör ist.

[43] Liselotte Andermatt (2012), S. 125.
[44] Siegfried Kracauer (1996), S. 298.

50

BVB

Arbeit und Fleiss

51–57

Das Taschenmesser der Steinzeit

Das Steinhauerdorf

Das Mosaik

Die Marktfrauenbank

Die Helvetica

Der Webstuhl

Vom Billeteur zum Billettautomaten

Das Taschenmesser der Steinzeit

Ist es nicht etwas übertrieben, einen Baselbieter Faustkeil speziell zu erwähnen, wo es doch in der europäischen Archäologie – vor allem in Frankreich – unzählige dieser frühzeitlichen Werkzeuge gibt? Zweifel sind erlaubt, doch vermögen sie die Einmaligkeit des 1974 in Pratteln gefundenen Faustkeils nicht zu schmälern. Entdeckt wurde er ganz zufällig von einem Schüler, der nach Versteinerungen suchte und dabei das 18 cm lange und 1,1 kg schwere, braune und birnenförmige Relikt fand, das – gewissermassen als «Schweizer Taschenmesser der Steinzeit» – in die Geschichte eingegangen ist und heute im Kantonsmuseum gehütet wird.

Faustkeile wurden im Zeitraum von 300000 bis 100000 zum Holzspalten, Hacken, Schaben und Schneiden verwendet. «Gewonnen» wurden sie beim Zerschlagen von sogenannten Feuersteinen in scharfkantige Splitter.
Das Aufsehen über den Fund dieses ältesten Werkzeugs der Schweiz war gross, und es kam sogar das Gerücht auf, man habe den Archäologen einen Streich spielen wollen und ihnen ein in Frankreich gefundenes Silexgerät untergeschoben.

Wie faszinierend «Faustkeil-Archäologie» ist, beweist auch die «Geschichte der Welt in 100 Objekten». Sie widmet dem 1,8 bis 2 Millionen Jahre alten steinernen Schneidewerkzeug der afrikanischen Oldowan-Kultur ein Kapitel und lässt uns mit einem Tagebuch-Auszug erahnen, welche Erregung der Entdecker dieser Kultur verspürt haben muss:
«Wenn ich diesen Stein in Händen halte, kann ich spüren, wie es war, draussen in der afrikanischen Savanne zu sein, wenn man Fleisch schneiden und beispielsweise einen Tierkadaver zerlegen musste, um an eine Mahlzeit zu kommen.
Wenn man ihn in die Hand nimmt, ist die erste Reaktion: Mensch, ist der schwer, und wenn er schwer ist, verleiht das deinem Schlag natürlich einige Wucht. Zweitens fällt auf, wie wunderbar er in die Handfläche passt, und zwar so, dass eine scharfe Kante von meinem Zeigefinger zu meinem Handgelenk läuft. Was ich jetzt in der Hand halte, ist also ein scharfes Messer. Mehr noch: Der Stein besitzt eine Wölbung, so dass ich ihn an der Kante, die extra abgeschlagen und scharf ist, fest greifen kann … Damit könnte ich auf wunderbar effektive Art Fleisch zerschneiden. Diese Empfindung verbindet mich mit dem Menschen, der den Stein tatsächlich mühsam einmal, zweimal, dreimal, viermal, fünfmal auf der einen Seite bearbeitet hat und dreimal auf der anderen Seite … insgesamt also acht bewusste Handlungen von ihm, als er den Stein mit Hilfe eines anderen Steins zugehauen hat, um diese fast gerade, scharfkantige Linie hinzubekommen.»[45]
Und das alles gilt sicher gleichermassen für den Prattler Faustkeil!

[45] Neil MacGregor (2015), S. 40.

51

Das Steinhauerdorf

Steinhauerdorf – wer denkt da nicht auf Anhieb an ein Tessiner Dorf mit einem Granit-Steinbruch? Niemandem käme es in den Sinn, diese Qualifikation einer im Baselbieter Jura gelegenen Ortschaft zuzuordnen. Man kann sich irren, denn Hemmiken, das kleine Oberbaselbieter Dorf, war im 18. und 19. Jahrhundert tatsächlich Sitz einer blühenden Steinhauerindustrie. Sein Gemeindewappen beweist es und zeigt in der Mitte ein dem Stein-Ausgraben dienendes Zweispitz-Werkzeug: garniert ist es links von einem sogenannten «Chröuli» für die grobe, und rechts von einem Scharriereisen für die feine Bearbeitung der Sandsteine.
Der graue, zuweilen auch rötliche Hemmiker Sandstein wurde jahrzehntelang in einer Tiefe von 10 Metern in einer kleinen Grube zwischen dem Dorf und der Farnsburg abgebaut, bis sich die schwere Arbeit nicht mehr lohnte; heute ist der «Steingraben» unter Erdreich und Schutt verborgen.

52

Die Hemmiker Steinmetzen wirkten vor allem in den Dörfern des oberen Kantonsteils. Das beweisen zahlreiche im Geschmack des Biedermeiers behauene und kunstvoll gestaltete Türstürze mit Blumenmotiven, die man an älteren Liegenschaften findet. Des Weiteren wurden Sockelquader, Ofen- und Herdplatten, Treppenstufen, Grenz- und Grabsteine gehauen. Für Hemmiken brachte der Schilfsandstein Arbeit und Verdienst: 1827 arbeiteten nicht weniger als acht Steinhauer mit ihren Gesellen in den Gruben. 1866 sind zwölf Meister mit siebzehn Gesellen bezeugt, doch 1904 lebte nur noch ein einziger Steinhauer in Hemmiken.

Das Mosaik

Wer vor dem Mosaik steht, das mit 30 m Länge das Eingangsportal des Kollegienhauses der Universität dominiert, realisiert kaum, dass es sich bei all diesen buntfarbigen Steinchen – es soll sich um rund eine Million handeln – nicht etwa um eine industriell am Fliessband hergestellte Ware handelt, sondern um echtes, geologisch gewachsenes Steinmaterial. Der Schöpfer des Mosaiks, Walter Eglin (1895–1966), hat es zusammen mit einem Freund in den Wäldern und Feldern der näheren Umgebung seines Wohnortes Känerkinden tagelang zusammengesucht. Man schätzt, dass so insgesamt rund vier Tonnen Steine von den beiden im Rucksack nach Hause getragen worden sind, wo dieses Steingut auf dem Dengelstock zerkleinert und auf die richtige Form und Grösse gebracht wurde. Acht lange Jahre währte das Suchen, Bearbeiten und Zusammensetzen der Mosaiksteinchen. Am 1. November 1938 hatte eine Jury der Basler Kunstkreditkommission dem Oberbaselbieter, der gegen 47 Mitbewerber angetreten war, den 1. Preis

zugesprochen; acht Jahre später, am 21. November 1946, konnte das grosse Werk der Stadt und der Universität übergeben werden.
Aus der Natur geboren, widerspiegelt das Universitätsmosaik in künstlerischer Sprache die geologische Vergangenheit der Basler Landschaft; es ist ein Vorzeigebeispiel guter partnerschaftlicher Zusammenarbeit von Stadt und Land.

53

Die Marktfrauenbank

54

1864 liess der Gemeinderat von Pratteln zwischen dem Dorf und Muttenz zwei sogenannte «Märtleute-Ruhebänke» aufstellen. Eines dieser Objekte ist erhalten geblieben. Es steht im Dorfzentrum von Muttenz und erinnert an die ferne Zeit, als es noch keine Supermärkte gab und Marktfrauen wesentlich zur Ernährung der städtischen Bevölkerung beitrugen. In einem Korb durch ein Tragkissen abgefedert trugen sie Eier und Gemüse in die Stadt. Rund um Basel – im Elsass und im Badischen – haben sich noch zahlreiche dieser Ruhebänke erhalten. Eine Marktfrauen-Ruhebank besteht aus zwei seitlichen Steinwangen, in die auf Sitzhöhe ein Brett eingelassen ist und auf denen in Kopfhöhe ein zweites Brett aufliegt. Es gab den Marktfrauen Gelegenheit, ihre Last abzustellen und sich zum Ausruhen darunterzusetzen.

Hatte sich der Gemeinderat als Auftraggeber der Prattler Ruhebänke wohl im Elsass inspirieren lassen? Auf Veranlassung der Kaiserin Eugénie (1826–1920) waren nämlich in Frankreich an allen Hauptstrassen solche Ruhebänke aufgestellt worden. »Bancs de mensonges» (Lügenbänke) nannte sie dort der Volksmund. Damit ist angedeutet, dass der Marktfauenbank neben der rein praktischen auch eine kommunikative Bedeutung zukam, hatte es doch auf der Sitzbank für zwei bis drei plaudernde Frauen Platz. Dass sie sich nach dem Muster von Johann Peter Hebels «Die Marktfrauen in der Stadt» gut zu unterhalten wussten, liegt auf der Hand.[46]

Die Bildhauerin Bettina Eichin hat sich ebenfalls dem Markt gewidmet. In Form eines Bronzegusses steht der mit Obst und Gemüse gefüllte Verkaufstisch zusammen mit einem zweiten Tisch. Das Werk trägt den Titel «Marktplatzbrunnen Basel, z. B. 1. November 1986, 00.19 h» und erinnert an die Brandkatastrophe vom 1. November 1986 bei Sandoz in der Schweizerhalle.

[46] René Salathé (2003), S. 324.

Die Helvetica

Mitten in Laufen überrascht die Statue eines Mannes, der mit seinem Barett und dem wallenden Mantel und Stulpenstiefeln unschwer als Mann des Mittelalters identifiziert werden kann. Es ist Helias Helye (um 1400–1475); er soll in Beromünster das erste datierte und mit einer Ortsangabe versehene Buch auf Schweizerboden gedruckt haben, eine 600 Seiten zählende religiöse Anleitung. Entsprechend hält er ein aufgeschlagenes Buch in Händen. Was verhalf ihm zur Ehre, in Laufen mit einem Denkmal geehrt zu werden? Er war Bürger des Städtchens!
Kein Denkmal erhalten hat indessen der Typograf Max Miedinger (1910–1980), obwohl er Erfinder einer weltweit geschätzten und in Münchenstein in der Haas'schen Schriftgiesserei entwickelten Schrift war.
Zu Ehren der Ureinwohner der Schweiz, der Helvetier, taufte er sie Helvetica. Mit ihrem Siegeszug trägt sie nun den Namen dieses Volkes durch die Welt.

55

Der Webstuhl

56

«Es war einmal ein Webstuhl, der stand nicht einfach in der Stube, er füllte sie aus, beherrschte den Raum mit seinen Längs- und Querbalken. Durch sie hindurch sah man die Innereien, das Geschirr mit Schäften und Scheideblatt und der eben gerade laufenden ‹Rechnung›, womit der Webauftrag der Firma gemeint war.
In der Erinnerung sehe ich Mutter geschäftig mit dem kleinen spitzen Posamenterscherlein in der Rechten vor der Liegebank hin- und hergehen. Ihrer geschärften Aufmerksamkeit entging kein Knoten, der gelöst werden wollte, und auch kein abgerissener Faden, den sie rasch wieder zusammenknüpfte. Oder sie vergewisserte sich, ob alle Spülchen noch Seide hatten.
Platz? Hatte man Platz? Der Webstuhl zwang zu äusserster Ökonomie in der Anordnung der Dinge. Er liess keinen Stubentisch, lediglich ein Tischlein vor der Ofenbank zu. Den Luxus einer Kommode duldete er nicht. Wenn trotzdem zwei grosse Kleiderschränke möglich waren, dann nur, weil diese gewissermassen die Wand, die Abschrankung zum Schlafraum bildeten.
Für Hausaufgaben bot sich der Küchentisch an.
Der rätschende Lärm hielt mittags eine Stunde lang inne. War das Aufmachen angesagt, schauten zwei Frauen, Mutter und Tante, während zweier Tage vornübergebeugt, mit der Brust auf der Liegebank, in den Stuhl hinein. Denn innerhalb zweier Tage wollten an die zwanzigtausend Fäden der neuen ‹Rechnung› mit den Fäden der alten ausgehenden verbunden sein. Daumen und Zeigefinger zwirnten sie mit geübtem Dreh zusammen. Viel mehr vermochte mein kindliches Verständnis für die Weberei nicht auszumachen.
Auf dem Land die Posamenter, in der Stadt die reichen Seidenherren. Diese hielten per Boten, der jeweils die neue ‹Rechnung› brachte, Verbindungen zum Land. Auch mit dem Faltbrief, versiegelt mit einer Oblate, taten sie es. Darin wurde akkurat jeder Webfehler aufgezählt und unter Androhung von Strafe vor weiteren gewarnt. Die wichtigste Verbindung aber, mit der sie die Posamenter zu genauster Arbeit anhielten,

war der Stuhldiener, der Ausläufer, später vornehmer Visitör genannt. Die Beziehungsskala spielte zwischen Inspektorat und Posamenter gemessen freundlich. Das bringt mich auf meinen Grossvater väterlicherseits, der im hinteren Baselbiet, mit Wohnsitz Hölstein, als Stuhldiener amtete. Um Kontrolle über seine Stühle ausüben zu können, legte er mit seinem Militärvelo täglich im Schnitt an die vierzig Kilometer zurück. Alle vierzehn Tage klopfte sein Blick dieselbe ‹Rechnung› ab.
Grossvaters Entlöhnung um neunzehnhundert war fürstlich zu nennen. Monat für Monat legte er meiner Grossmutter dreihundert Franken auf den Tisch. Bis er die Gefahr seiner Arbeit erkannte. Die weiten Wege zu den Höfen waren anstrengend und verführten zu grossem Durst, der gestillt werden wollte. Auch musste er gespürt haben, dass Stuhldienerei nicht seine eigentliche Bestimmung war. 1904 kaufte er sich in Zeglingen einen Bauernhof und zog mit Frau und neun Kindern aufs hintere Ried, dessen Boden, wie der Name besagt, nicht der fruchtbarste war.
Dann ging ein Schrei durchs Posamenterland. Ein Wort ging von Mund zu Mund. Nein, nicht der Börsenkrach, die ‹Weltwirtschaftskrise› wurde dem Kind eingeprägt. Die angeblich reichen Seidenherren schienen so reich nicht zu sein. Als ihre Bändel keinen Absatz mehr fanden, blieb für viele Posamenter die ‹Rechnung› plötzlich aus. Der Befehl aus Basel lautete: ‹Verholzt die Stühle!› Der Vorschlaghammer ging um. Er zerschlug die gusseisernen Teile, damit andere Firmen sich nicht daran bereicherten. Der Schrei ging während der grossen Krise in Stöhnen über und erstarb, als der Zweite Weltkrieg ausbrach, weil Angst die Kehlen zuschnürte. Vom Krieg wurden wir verschont, vom Niedergang der Heimweberei nicht. Sie lag am Boden.»[47] Mit dieser Jugenderinnerung hat der bekannte Baselbieter Schriftsteller Heinrich Wiesner (1925–2019) dem Posamenter ein eindrückliches literarisches Denkmal gewidmet.
Die Seidenbandweberei wurde im 16. Jahrhundert von Glaubensflüchtlingen aus Italien und Frankreich in die Basler Region gebracht. Der Begriff ‹Posamenterei› leitet sich entsprechend von einem französischen Ausdruck ab und bezeichnet das Weben von Borten, Fransen und Bändeln.
1670 liess der Basler Grosse Rat erstmals mehrgängige Webstühle zu und ermöglichte damit die «Industrie vor der Industrie».
Von Basel aus dirigierten die industriellen Verleger, die sogenannten «Seidenherren», die Fabrikation, die von den Baselbieter Posamentern betrieben wurde. 1786 lebten über 30 % der Bevölkerung von dieser Arbeit. Die Verbindung zwischen den städtischen Auftraggebern und den Posamentern auf dem Land besorgten die Boten; sie brachten den Posamenter einmal oder mehrere Male mit ihren Blachen bespannten Botenwagen neues Material, holten die fertigen Bänder ab und zahlten die Lohngelder.

[47] Heinrich Wiesner (1999).

Vom Billeteur zum Billettautomaten 57

Berufe sterben aus, neue Berufe entstehen: Das war schon immer so, aber im Zeitalter der Mechanisierung und Automatisierung hat sich dieses Wechselspiel zweifellos verstärkt, und so wissen junge Personen, die heutzutage mit dem Tram unterwegs sind, kaum noch, dass es bis vor nicht allzu langer Zeit auf jedem Tram einen Billeteur gab. Der Wechsel vom Billeteur zum Billettautomaten lässt sich auf die Stunde genau fixieren; er geschah zu mitternächtlicher Stunde auf den Jahreswechsel 1970/71.

«Wie haben sich denn jüngere Leute heute einen Billeteur oder Kondukteur – während des Zweiten Weltkriegs eine Billeteuse – vorzustellen? Selbstverständlich in Uniform, denn Uniformen

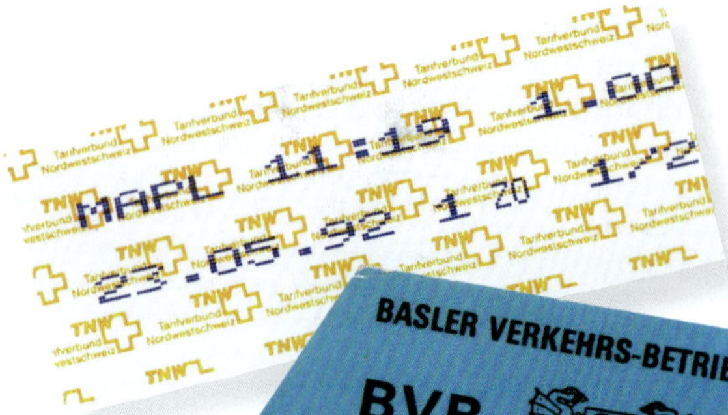

172
BASLER VERKEHRS-BETRIEBE
Inhaber-Abonnement № 7103
Preis Fr. 5.–
Serie 5 K

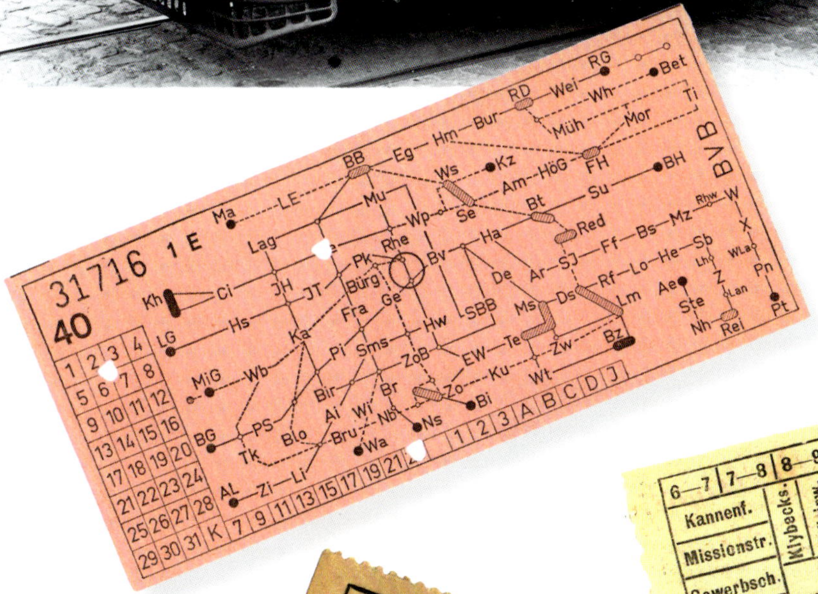
31716 1 E
40
BVB

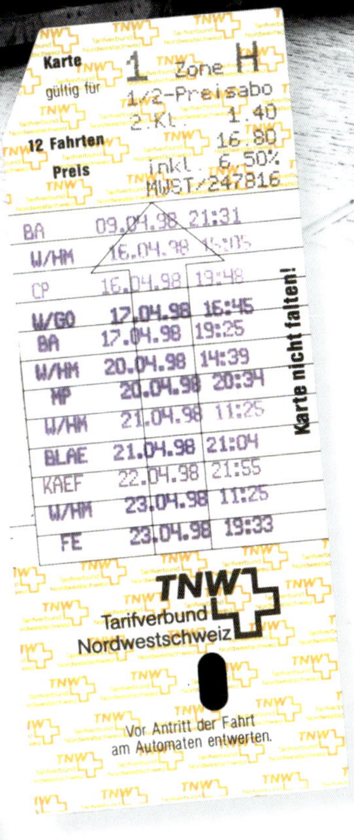
Karte 1 Zone H
gültig für 1/2-Preisabo
2.Kl. 1.40
12 Fahrten 16.80
Preis inkl. 6.50%
MWST/247816
BA 09.04.98 21:31
W/HM 16.04.98 14:05
CP 16.04.98 19:48
W/GO 17.04.98 16:45
BA 17.04.98 19:25
W/HM 20.04.98 14:39
MP 20.04.98 20:34
W/HM 21.04.98 11:25
BLAE 21.04.98 21:04
KAEF 22.04.98 21:55
W/HM 23.04.98 11:25
FE 23.04.98 19:33
Karte nicht falten!
TNW
Tarifverbund
Nordwestschweiz
Vor Antritt der Fahrt
am Automaten entwerten.

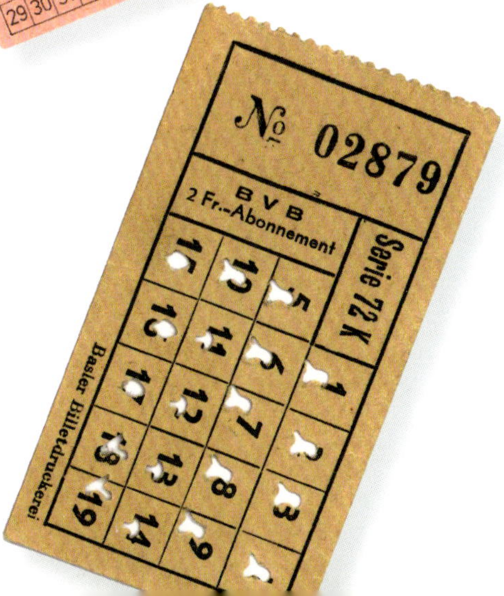
№ 02879
BVB
2 Fr.-Abonnement
Serie 72 K
Basler Billetdruckerei

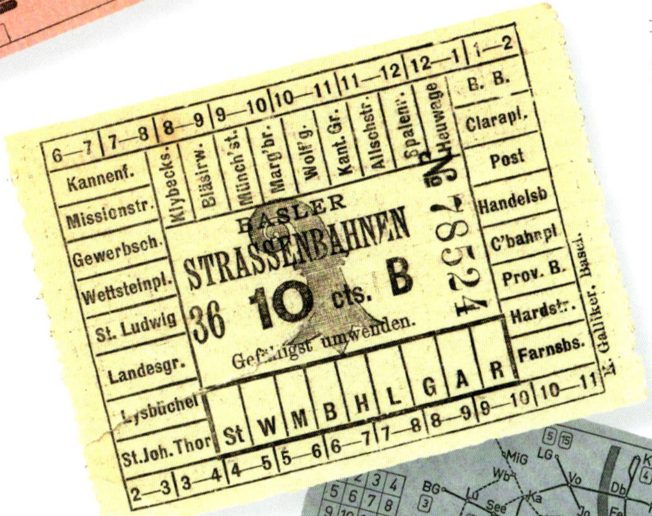
BASLER
STRASSENBAHNEN
36 10 cts. B
Gefälligst umwenden.
№ 78524
Kannenf.
Missionsstr.
Gewerbsch.
Wettsteinpl.
St. Ludwig
Landesgr.
Lysbüchel
St.Joh.Thor
B. B.
Clarapl.
Post
Handelsb
C'bahnpl
Prov. B.
Hardstr.
Farnsb.
E. Galliker, Basel.

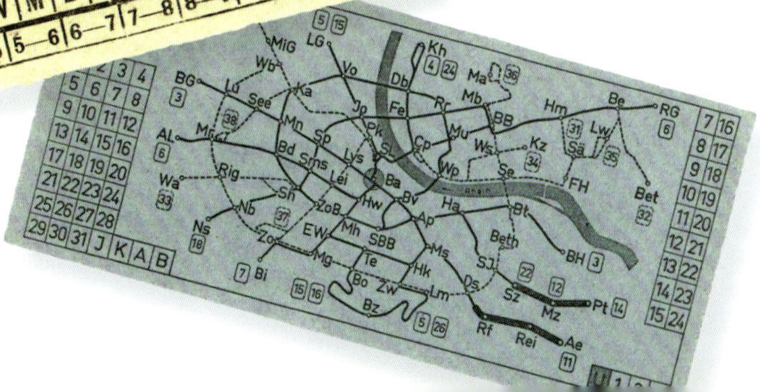

verschaffen Ansehen und flössen Respekt ein. ‹Der Kondukteur›, diese allseits anerkannte Respektperson, ‹hat sich gegenüber dem Publikum dienstfertig und höflich, aber kurz und entschieden zu benehmen. Unterhaltung mit den Reisenden oder dem Wagenführer ist verboten …› Die Zuständigkeit der Billeteure betraf einerseits den Verkauf sowie die Kontrolle bereits gekaufter Billette und Abonnemente; zusätzlich fiel in ihren Verantwortungsbereich der Zeitpunkt der Abfahrt eines Tramzugs. Das Fahrdienstreglement hielt unmissverständlich fest: ‹Die Wagen der Züge dürfen nur auf Befehl der Kondukteure des Motorwagens in Bewegung gesetzt werden.› Selbstverständlich war der Billeteur auch für die korrekte Ansage der Haltestellen sowie für die Ordnung im Tram verantwortlich. ‹Es ist Sache der Kondukteure›, hiess es, ‹dass in den Nichtraucherwagen und -abteilen nicht geraucht und den Spuckverboten nachgelebt wird›.»[48]

[48] René Salathé (2014), S. 68ff.

B St B

Der Verkehr – gestern und heute

58–65

Das Floss

Der Botenwagen

«Das erste Locomotiv»

Das Tramsegeln

Tempo und Staub

Vom Peitschenknall zum «ohrenbetäubenden Lärm»

Der Birsfelder Flugplatz

Der Kreisel

Das Floss

58

Das Floss als Holz-Transportmittel gehört längst der Vergangenheit an, dabei wurde es noch zu Beginn des 19. Jahrhunderts sowohl auf der Birs als auch auf dem Rhein häufig genutzt. Während in der Periode von 1824 bis 1829 im Jahresdurchschnitt von 700 Rhein-Flössen ausgegangen werden kann, die – von Laufenburg ausgehend – in Basel die Schifflände passierten, erhöhte sich diese Zahl zwischen 1844 und 1847 auf ca. 2500. 1856 wurde mit 4251 Flössen der Höchststand erreicht. Dann aber setzte der Niedergang ein, der Ausbau des Strassennetzes verdrängte das Floss, und so passierten von 1901 bis 1907 durchschnittlich nur noch bescheidene 32 Flösse die Flossgasse beim Kraftwerk Rheinfelden. Das letzte Floss wurde im Kraftwerk Augst am 27. Mai 1927 registriert.

Was ein Floss ist, kann man deshalb in Basel heutzutage nur noch dann im Sommer ein wenig erleben, wenn vor der Mittleren Brücke das bekannte Musikfloss ankert.

Der Botenwagen

59

Eine Reise von Liestal nach Basel ist heutzutage leicht, sei es mit dem Auto oder mit dem öffentlichen Verkehr. Die beiden Orte sind gut vernetzt, allein per Bahn ist das Rheinknie täglich mehr als 80 Mal mühelos in 11 bis 18 Minuten erreichbar. Wir blenden zurück ins Jahr 1810, da war ein Basler Ausflug noch etwas Aussergewöhnliches, denn «Basel ist drei volle Stunden von unserer Heimatstadt (Liestal) entfernt und drei Stunden Entfernung zwischen zwei Orten war in der Zeit, da die Eisenbahnen noch nicht liefen, schon eine weite Kluft», schrieb Johannes Kettiger (1802–1869), der bekannte Baselbieter Philanthrop, in seinen Jugenderinnerungen.

Wie sehr muss der Achtjährige von seinem ersten Ausflug nach Basel beeindruckt gewesen sein! Die Reise erfolgte in einem sogenannten Botenwagen. «Der Bote fuhr alle Anderstag nach Basel von dort Waren zu holen und nahm gelegentlich Personen mit, die in der Stadt Geschäfte zu verrichten hatten. Ein schweres, schönes Fuhrwerk, doch so eingerichtet, dass Wagen und Personen vor der Witterung geschützt waren. Eine sogenannte Blahe oder Blache von grober Leinwand war ausgespannt und wölbte sich über nahezu die ganze Länge des Wagens. Unter dieser sassen die Mitfahrenden zwar geschützt vor Wind und Wetter aber auch eingesperrt, wie im Gefängnis. Kaum, dass vorne ein etwelcher Ausblick möglich war. Man hätte um 4 Uhr abfahren sollen, denn um 7 Uhr wolle er das St. Alban-Thor passieren, brummte der Bote… ‹Hup› rief er endlich und langsam ging's vom Ort über schlechte Pflaster hinweg. Beim unteren Thor des Städtchens ein kleiner Halt, da der Thorwart eben daran war, die Pforte aufzuschliessen. Jetzt knarrt diese, der Wagen schwankte in das tiefe Geleis und bald war die offene Landstrasse erreicht. Es war eine lange Fahrt, und ich mochte es kaum erwarten. bis der Tag anbrach. Endlich stellte sich dieser ein und mit ihm drang ein kühler Luftzug in den Wagen. Bald nahm die Hardwaldung die Strasse in sich auf. Als der Wald zur Hälfte durchfahren war, da wies auf einmal die Mutter nach der Öffnung des Wagens und rief: ‹Schau dort den hohen Turm, das ist das St. Alban-Thor und geht keine Stunde mehr, so wird es erreicht sein, und sieh dort etwas davor die Münstertürme!› Wie hoch sie waren, wie kerzengerade sie dastanden – noch sehe ich es und noch empfinde ich, was ich damals empfunden, als ich die Gebäude in den kalten Morgen hineinragen sah. Der Fuhrmann trieb jetzt, als er näher an die Stadt zu rückte, seine Pferde stärker an, also dass wir rasch vorwärts kamen…»[49]

[49] Johannes Kettiger (1969).

«Das erste Locomotiv»

Wer kennt sie nicht, die Redensart «Unter Dampf stehen?» In der heutigen Zeit, in der es bald keine Dampfmaschinen mehr gibt, wird es immer schwieriger, sie über den Sprachgebrauch hinaus auch in der Realität zu erleben. Ganz anders war es 1862, berichtet Friedrich Nüsperli, der Verfasser der Heimatkunde von Thürnen:
«Das erste Locomotiv kam von Sissach nach Läufelfingen bei Thürnen vorbei den 8ten April 1862», hält er fest, um dann fasziniert die «innere Einrichtung des Locomotivs» zu beschreiben:
«Einmal entströmen demselben schwarze Kohlenwolken untermischt mit glühenden Funken, im nächsten Augenblick bricht weisser Dampf hervor, entweder hustend und wallend durchs Kaminrohr oder zischend unten hinaus. Bei Nacht fliegen Feuerflammen wie beim Wetterleuchten. Siedendes Wasser spritzt nach dem Willen des Lenkers aus der Nähe des Zylinders, wo es sich nicht ansammeln darf, oder Sand streut sich auf die Schienen, wenn Thau oder Reif die Reibung der Räder verhindert hat. Auf einen leichten Druck der Hand des Locomotivführers wird ein gewaltiges Rollen und Grollen im Innern des gewaltigen Kolosses gehört. Nach dem bis auf eine Stunde weit vernehmbaren schrillen Ton seiner Pfeife bewegt er sich mit dem angehängten langen Zug von Wagen federleicht vorwärts … Ein Seil, Pfeifenleine genannt, läuft über den ganzen Wagenzug weg, von hinten nach vorn, ist hier mit der Pfeife des Locomotivs so verbunden, dass z. B. bei Gefahren ein Anziehen der Leine mit der Hand, selbst vom entferntesten Theile des Zuges ein Pfeifen bewirkt, das den Locomotivführer, wie die ganze Dienstmannschaft aufmerksam macht und warnt. Der Locomotivführer trägt wie der Oberbootsmann auf dem Seeschiff seine Pfeife an einer Kette und erteilt damit seine Befehle. ‹Vorwärts› (ein Stoss), ‹Rückwärts› (zwei Stösse), ‹Halt› (drei Stösse). An ihm hängt eine rothe Ledertasche an rothem Riemen über die Schulter, während der gewöhnliche

60

Conducteur nur eine schwarze Tasche an schwarzem Riemen trägt. Auf dem Zugführer ruht die Verantwortlichkeit für den ganzen Zug, während der Locomotivführer über seine Maschine zu wachen hat und für diese einstehen muss.
Eine Viertelstunde, ehe ein Zug abgeht, wird auf dem Bahnhof Sissach mit einer Glocke geläutet. Zehn Minuten später zum 2ten Mal in zwei Zügen. Ist dann Alles zur Abfahrt bereit, rufen die Conducteure ‹Fertig!›, der Zugführer gibt mit einem gedehnten Pfiff dem Locomotivführer das Zeichen zur Abfahrt, dieser wiederholt dasselbe mit seiner Dampfpfeife, die Glocke schlägt dreimal an, der Weichenwärter und nach ihm Bahnwärter stossen ins Horn und der Zug setzt sich in Bewegung.»

61 Das Tramsegeln

1911 wurde im Birstal die 11er-Tramlinie eröffnet. Sie führte zu einer neuen Sportart, dem Tramsegeln. Ein Tramführer berichtet:
«Tramfahren hat für mich viel mit dem Schiff zu tun. Wenn ich mit dem Seil den Bügel hochziehe, wie die Segel, und zum Depothafen herausfahre in das Häusermeer der Stadt … Seemann lass das Träumen! Das Ansteuern der nächsten Haltestelle verlangt volle Konzentration. Menschen stehen da, wie an der Mole und beobachten das Anlegemanöver.
In der Fussgängerzone verhalte ich mich wie in den Wellen des Meeres – Man muss sie kommen sehen. Der prüfende Blick aus dem Steuerhaus. Wenn ich aus der Insel- und Riffgegend der Innerstadt wieder aufs offene Meer des Birstals komme, spüre ich den Wind. Wird er stärker und drückt den Seitenspiegel heraus, so ist es Zeit zu reffen. Es erfolgt dann auch der Anruf über die (Küstenfunk)-Leitstelle, den hinteren Fender zu arretieren. Auch mit der Pfeffingerruine ist es für mich wie Rio mit dem Zuckerhut. Ich bin wieder bereit zur Heimreise (Rolling home). Ich setze die Segel, peile den Gempen-Leuchtturm an und nehme Kurs auf Reinach/ Münchenstein. Eine Reisegruppe hat es sich an Bord bequem gemacht. Eine Handorgel wird ausgepackt. Und was tönt herein in mein Traumschifferherz? La Paloma.»[50]

[50] Pius Marrer (1954), S. 5.

Tempo und Staub

Beinahe keine Woche vergeht ohne eine Rasermeldung. Wir fragen uns, seit wann gibt es sie denn, diese Raser, die mit hochzylinder-ausgerüsteten Vehikeln knatternd und heulend unsere Landschaft innerorts wie ausserorts durchbrausen? Wir verzichten auf eine präzise Chronologie dieses neuzeitlichen Phänomens und wenden uns der ruhigeren «guten, alten Zeit» zu.
Was heute für alle ganz selbstverständlich ist, nämlich die Kenntnisnahme und das Befolgen der vielen Verkehrsregeln, das steckte zu Beginn des letzten Jahrhunderts noch weitgehend in den Kinderschuhen, oder einfacher ausgedrückt: Es gab damals noch keinen Verkehr und entsprechend fehlte ein Verkehrs-Regelwerk, das beispielsweise mit Temporichtlinien arbeitete. Nur zögerlich begann sich die Gesetzgebung der neuen Entwicklung anzunehmen: 1904 kam es zu einem Konkordat einiger Kantone über eine einheitliche Verordnung betreffend den Motorwagenverkehr. Der Artikel 9 – dieser interessiert uns vor dem Raserhintergrund ganz besonders – regelte das Tempo: «Niemals darf die Geschwindigkeit, selbst in flachem Lande, dreissig Kilometer in der Stunde überschreiten.» Bei Brücken und in engen Strassen sei sie auf «diejenige eines Pferdes im Schritt», d. h. auf 6 Kilometer herabzusetzen. Das Jahr 1911 brachte dann eine erste Revision, sie legte neu fest:
«Die zulässige Geschwindigkeit ist in Ortschaften von 10 auf 18 Kilometer und in flachem Land von 30 auf 40 Kilometer erhöht. Es ist dies eine Geschwindigkeit, die, wenn sie wirklich eingehalten wird, im Allgemeinen Anlass zu Klagen über Belästigung des Publikums kaum mehr geben wird.»[51]
Wenn vom frühen Autoverkehr die Rede ist, dann muss zudem an die Strassenverhältnisse in den Dörfern zu Beginn des 20. Jahrhunderts erinnert werden: So etwa kann man sie kurz und bündig umschreiben – bei Regenwetter schlammig, bei Trockenheit staubig, denn noch gab es keine Asphaltierung. Apropos Staubplage: Da lesen wir in der Basellandschaftlichen Zeitung vom 17. April 1906 folgenden Augenzeugenbericht, der an Deutlichkeit nichts zu wünschen übrig lässt und zeigt, wie skeptisch die Bevölkerung der neuen Verkehrsentwicklung gegenüberstand: «Wer am letzten Karfreitag auf unseren von Basel nach Liestal führenden Strassen die Aufwirbelung des Staubes mit ansah, welche durch das beständige Hin- und Herfahren der Automobile und Velos verursacht wurde, wer beobachtete, wie die vielen Hunderte von Baslern, die den schönen Tag zu einer Fusstour nach Muttenz und Pratteln benutzten, ihren Weg beständig durch aufwirbelnde Staubwolken zu nehmen hatten, und sah, wie sich Frauenzimmer 30 bis 50 Schritte weit in die umliegenden Äcker und Matten hinein flüchteten, um ihre Kleider durch Verstaubung nicht ganz zu Grunde richten zu lassen, der musste sich überzeugen, dass bezüglich einer derartigen Benutzung unserer Strassen Wandel geschaffen werden muss. Da unsererseits von einer wirksamen Bespritzung herwärtiger Strassen der Kosten wegen nicht die Rede sein kann. so bleibt uns nur übrig, die Benutzung unserer Strassen für den Automobilverkehr zu Zeiten, da dieselben infolge trockenen Wetters mit höherem Staub bedeckt sind, zu verbieten.»[52]
Ähnlich negativ wurde die Eröffnung der ersten durch das Tal der Hinteren Frenke führenden Autobuslinie im Jahr 1904 zur Kenntnis genommen. «Eine böse Rolle spielt die Sommerdürre dem Automobil oder Strassendampfwagen. Hoher Staub liegt auf den Strassen. Kommt dann so ein Sturmkasten wie ein Pfeil dahergeflogen, so wirbelt er mit seinem Luftdruck schon drei Meter vor sich hin den Staub auf, und in dieser olympischen Wolke entschwindet er schon wieder wie ein Zauber in weiter Ferne. Er rast hin wie ein Orkan, und wer auf der Strasse ist, lebt und leben will, flüchtet sich, den Hut in der Hand, in den Dornenhag und sieht dann nachher mit Verwunderung, dass keine Menschen- oder Tierleichen als Reliquien der Katastrophe auf der Strasse liegen.»[53]

Unterdessen wissen wir, dass das geforderte Verbot nie erlassen und der erhoffte Wandel nie eingetreten ist; resigniert hiess es darum 1912: «Dieses moderne Verkehrsmittel kann nicht mehr unterdrückt werden.»[54]

[51] René Salathé (2005), S. 30.
[52] René Salathé (2005), S. 23.
[53] René Salathé (2005), S. 28f.
[54] Fritz Klaus (1985), S. 66.

62

60

Vom Peitschenknall zum «ohrenbetäubenden Lärm»

Schon das Primarschul-Lesebuch für die vierte Klasse, Jahrgang 1913, weinte dem Wechsel vom Postwagen zum Autobusbetrieb keine Träne mehr nach, wenn es auch die akustische Erinnerung wachhielt.
«Der kräftige Peitschenknall und die Töne des Posthorns kündigten den Bewohnern der Dörfer das Nahen der Post an. Heute ist es anders geworden im Reigoldswilertal. Statt der Peitsche hörst du das Knattern und Pusten der Maschine und an Stelle der Klänge des Posthorns vernimmst du den durchdringenden Ton des Automobilhornes. Das liebliche Klingeln des Glöckleins am Pferdegeschirr ist verschwunden; keine Rösslein ziehen den Wagen. Der Omnibus bewegt sich von selbst, mit eigener Kraft. Wie freuen sich insbesondere die Kinder, wenn sie in diesem merkwürdigen Gefährt nach Liestal fahren dürfen! Mit Aufmerksamkeit betrachten sie die einzelnen Dinge, das Steuerrad, die vielen Hebel, die mächtige Kette unter dem Wagen und nicht zuletzt die dicken Gummireifen an den Rädern! Da muss es weich zu fahren sein! Die Freude an diesem neuen Fuhrwerk ist so gross, dass die Reisenden, alte und junge, manch Unangenehmes gerne mit in Kauf nehmen, selbst den ohrenbetäubenden Lärm und den üblen Geruch! Zur Seite Kinder, passt auf, das Auto kommt!»[55]

[55] René Salathé (2005), S. 20f.

63

64

Der Birsfelder Flugplatz

Der Flughafen Basel-Birsfelden ist ein verwegener, ein ausgeträumter Traum – der Flugplatz Sternenfeld in Birsfelden eine in Vergessenheit geratene Merkwürdigkeit.

«Als Charles Koepke im Frühling 1924 mit einem Häfeli-Doppeldecker über Birsfelden kreiste, sah er unter sich am Rheinufer nichts als eine ansehnliche Wiese, eine aus Brettern gebaute Hütte, die als Hangar diente, und einen Windsack. Koepke war im Eidgenössischen Luftamt tätig. Er hatte den Rekognoszierungsflug von Bern nach Birsfelden unternommen, weil die eben gegründete Flugplatzgenossenschaft Aviatik beider Basel ihn zum Direktor des Flugplatzes Sternenfeld machen wollte. Der Embrionalzustand des Flugplatzes schreckte ihn nicht ab. Koepke nahm die Berufung an. Unter seiner initiativen Leitung entwickelte sich die Wiese mit dem Bretterhangar bis zum Beginn des Zweiten Weltkriegs zum zweitwichtigsten Flugplatz der Schweiz. Das Sternenfeld war vor dem Krieg der Mittelpunkt eines erstaunlich engmaschigen, vor allem von Zürich beneideten Netzes von internationalen Fluglinien. Die grosse, die sozusagen internationale Zeit des Dorfes, als es vom Sternenfeld aus Flugverbindungen nach Paris–London, Zürich–Wien, Zürich–München, Brüssel–Rotterdam–Amsterdam und Frankfurt–Stuttgart–Berlin gab, ist heute nur noch Erinnerung! Grossraumflugzeuge gab es damals noch nicht: 1943 erschienen die Briten mit einem für damalige Begriffe riesigen Doppeldecker auf dem Sternenfeld. Die ‹Heracles› bot Platz für 40 Passagiere und besass vier Motoren. Dass sich dieser Riese ohne Mühe auf der Graspiste des Sternenfeldes landen und starten liess, mutet heute wie ein Wunder an.
Ein Wunder ereignete sich auch am 12. Oktober 1930, als das Luftschiff ‹Graf Zeppelin› auf dem Sternenfeld landete. Ganz Basel war damals auf den Beinen, und von weither waren 60000 Flugbegeisterte gekommen. «Die Zuschauermenge war unübersehbar. Es regnete ohne Unterlass, die Wolken hingen tief und man befürchtete, das Luftschiff werde durch den heftigen Wind gegen das Grenzacher Hörnli abgetrieben. Das geschah zum Glück nicht. Da es auf dem Sternenfeld keinen Landemast für Luftschiffe gab, war ein Geniebataillon aufgeboten worden und hielt den ‹Graf Zeppelin› während seines Aufenthaltes am Boden fest. Nach dem Start war die grösste Sorge der Flugplatzdirektion, wie sich die 4000 Autos der Zuschauer wieder flott machen liessen. Die Wagen standen bis zu den Achsen im aufgeweichten Boden.»[56]

[56] Kaspar Rüdisühli (1976).

Der Kreisel

Kreisel gehören heutzutage zur Verkehrsnormalität; sie fördern einen flüssigen Verkehr und überraschen in unserer von Abgasen und Motorenlärm gewürzten Verkehrslandschaft oft mit ihrer Gestaltung:
Einmal sind sie mehr oder weniger naturbelassen, ein andermal künstlerisch aufgewertet. Erste Kreisel entstanden Ende des 19. und zu Beginn des 20. Jahrhunderts, in Paris beispielsweise 1907 rund um den Arc de Triomphe. In der Schweiz wurde der erste Kreisel 1964 anlässlich der Landesausstellung in Lausanne gebaut: «Wie ein riesiger plattgewalzter und asphaltierter fünfarmiger Tintenfisch liegt er am Ende der N 1»,[57] schrieb damals die Weltwoche.

Im Baselbiet entstand der erste Kreisel in Muttenz. Mit welchen Gefühlen befährt man einen Kreisel? Ein Engländer hat es auf den Punkt gebracht: «Für mich ist der Kreisel eine Oase in der Asphaltwüste, er verschafft mir während der Autofahrt einen kleinen Glücksmoment. Im Kreis zu fahren, ist Lebensqualität.»[58] Wir wünschen allen Kreiselfahrerinnen und -fahrern diese Glücksmomente und warten mit einer kleinen Kreisel-Auswahl auf.

65

Reinach: Der Birken-Kreisel
An der von Reinach nach Dornach führenden Bruggstrasse überrascht ein Natur-Kreisel. Dicht gedrängt stehen sie da – die Kreiselbirken. Im Frühling erfreuen sie mit zartgrünem Laub, im Winter mit malerischen, weiss leuchtenden Stämmen.

Arlesheim: Der Spielkreisel
Eine fröhliche Note bringt der Arlesheimer Spielkreisel.

Pratteln: Der Industrie-Kreisel
In Pratteln sind Zahnräder zu Erinnerungsträgern geworden, sie dominieren aber nicht einen Platz, sondern einen Kreisel. Gewidmet sind sie der Firma Buss AG, die ab 1893 auf den Bau von Eisenbahnbrücken, Schiffen und Wasserturbinen spezialisiert war und mit ihren mehreren hundert Arbeitern den Namen des Industriedorfes Pratteln in die weite Welt trug. Das zehn Tonnen schwere, fünf Meter hohe und aus massivem Baustahl gefräste und geschliffene Kreisel-Zahnrad hält die Erinnerung an den ehemaligen Schwermetall-Industriestandort Pratteln wach.

Binningen: Der Natur-Kreisel
Auch in Binningen beherrscht an der Grenze zu Basel ein Kreisel das Verkehrsgeschehen. Er ist dem frohen Wechselspiel der Jahreszeiten gewidmet: Im Sommer erfreut ein gold-gelbes Ährenfeld, im Winter ein Eis-Iglu.

Birsfelden: Der Hafenturm-Kreisel
Am Eingang von Birsfelden überrascht ein höchst eigenwilliger Kreisel-Koloss. Er gibt den Blick auf ein Rhein-Frachtschiff frei und erinnert daran, dass Birsfelden mit seinem Hafen für Welt-Offenheit steht: Hamburg, Rotterdam, Dubai, Los Angeles, Bremen und Port Klang – wer würde schon auf Anhieb diese Welt-Hafenstädte, die in grossen Lettern auf sich aufmerksam machen, mit Birsfelden in Verbindung bringen?

[57] Roy Spring (1994).
[58] Anna-Lena Abbott (2014).

Zahn der Zeit
Paula Beyeler

Bundesplatz
Bücherkabine
am Bundesplatz
Hier dürfen Sie Bücher
mitnehmen oder tauschen.
NQVB-H

Kommunikation

66–69

Das Radio und das Weltgeschehen

Das Telefon und die Telefonkabine

Die Weibelglocke –
Kommunikation avant la lettre

Handy-Einsamkeit und Weltverbundenheit

Das Radio und das Weltgeschehen

Wir drehen das Radio an, hören Musik oder wir lassen uns von einer Reportage berühren. Diese weltweite Hör-Vernetzung ist spätestens seit den Zwanzigerjahren des 19. Jahrhunderts Normalität, und sie wird höchstens dann hinterfragt, wenn sie ausfällt. Für die ältere Generation, die in einer fernseh- und internetlosen Zeit aufgewachsen ist, verbindet sich mit dem Radio oft die Erinnerung an den Zweiten Weltkrieg, der plötzlich hörbar Eingang in die Wohnstube fand. «Für mich – bei Kriegsbeginn erst neunjährig – war das Schweizer Radio Hauptinformationsquelle», schreibt der Physiker und Politiker Hans-Rudolf Striebel. «Mir fiel damals auf, wie unterschiedlich die Beiträge klangen. Laut und fanatisch die Ausschnitte aus den Reden Hitlers und Goebbels, dezidiert die Aufrufe unseres Generals, feierlich die Reden der Bundesräte, sachlich die Worte des Sprechers von Radio ‹Beromünster› und abgeklärt, fast väterlich die Stimme, mit der J.R. von Salis jede Woche am Freitagabend seine Weltchronik über das Schweizer Radio verbreitete.»[60]

Berührend sind die Radioeindrücke eines jungen Mädchens, das 1943 die Sommerferien im Restaurant «Kurhaus Abendsmatt» bei Lampenberg verbrachte, wo sich zahlreiche Immigranten schutzsuchend eingefunden hatten. Wie hielten sich diese Gäste über das Kriegsgeschehen auf dem Laufenden? «‹La guerre› war eines der ersten französischen Wörter, das mir in Erinnerung

66

geblieben ist. Die Neuigkeiten über ‹la guerre› wurden aus einem kleinen Transistorradio bezogen. Mehrere Gäste scharten sich jeweils um das Gerät, wenn Big Ben mit seinem Ding-Ding-Dong aus London das neueste Kriegsgeschehen kommentierte. Wie geschlagene Hunde verzogen sie sich oft danach … ‹La guerre› musste etwas ganz Schreckliches sein.»[61]

Im Schatten der kriegerischen Bedrohung kam damals dem Radio eine starke identitätsstiftende Bedeutung zu; sie übersprang Kantons- und Sprachgrenzen, die Losung hiess: «Wir sind Schweizer und halten zusammen.» Heute hat das Fernsehen diese Aufgabe übernommen; zwar droht kein Krieg mehr, aber die Globalisierung ebnet Unterschiede ein und verwischt nationale und lokale Eigen- und Besonderheiten. Dieser Entwicklung trotzt das Schweizer Fernsehen; es setzt auf Heimat und Selbstdarstellung (z. B. mit der Folge «Mini Schwiz – Dini Schwiz») sowie auf politischen Diskurs (z. B. mit der «Arena»).

[60] Hans-Rudolf Striebel (2012), S. 86f.
[61] Ursula Rickenbacher Salathé (2012), S. 143.

Das Telefon und die Telefonkabine

«Aber ist denn das Wesentliche einer Telephonzelle das Telephon? Nein, das Wesentliche sind die vier Wände. Die Enge. Die Ruhe im Lärm. Die immerhin markierte Abgegrenztheit gegen Dunkel und Kälte. Die Stübchen-Illusion», schrieb der bekannte Wiener Essayist und Kritiker Alfred Polgar (1873–1955); er bündelte damit seine in der dunklen Zeit des Nationalsozialismus gewonnenen Erfahrungen.

In der Schweiz ist es mit dieser «Stübchen-Illusion» seit dem Siegeszug des Handys mit seinen vielen neuen Kommunikationsmöglichkeiten wie Chat, Sprach- oder Videotelefonie Ende der 90er-Jahre endgültig vorbei. Entsprechend entschied der Bundesrat, Publifone seien ab 2018 nicht mehr Teil der Grundversorgung, und so sind heute nur noch rund 5900 der einstmals über 58000 öffentlich und privat betriebenen Geräte im Einsatz. Damit sind viele schöne und weniger schöne Begebenheiten rund um die Telefonkabine nur noch Erinnerung: Spassanrufe, fehlende Telefonseiten, sehnsüchtige Anrufe aus dem Militär, die stundenlang die Telefonkabine blockierten, und vieles mehr. Kurzum: Die Telefonkabine ist im zweiten Jahrzehnt des dritten Jahrtausends nach einer kurzen Blütezeit museumsreif. In Reinach (BL) hat der Künstler Claudio Magoni dem unaufhaltsamen Niedergang der Telefonkabine mit einer Stahlskulptur Nachhaltigkeit verliehen. Da steht die «Sprechzelle» 1,20 × 1,20 m breit und 3,33 m hoch auf dem Taunerplatz. Ihre Tür ist nur gerade eine Fussbreite offen und niemand kann sie mehr betreten. Sie ist funktionslos geworden und das Gespräch verloren gegangen: Der «Ort öffentlicher Intimität» hat ausgedient, die künstlerisch verfremdete Telefonkabine ist zu einem Zeit- und Lesezeichen geworden!

Einspruch! Nicht weniger als 270 Telefonkabinen haben in letzter Zeit eine neue, eine kulturelle Zweckbestimmung erfahren: Sie dienen der Öffentlichkeit als Bücheraustausch-Ort und laden zum Lesen ein.

67

Bücherkabine
am Bundesplatz
Hier dürfen Sie Bücher
mitnehmen oder tauschen.
NQVB-H
QUARTIERVEREIN
Bundesplatz

68

Die Weibelglocke – Kommunikation avant la lettre

Reinach verabschiedete im November 1911 das «Reglement für den Dienst des Wächters und Dorfweibels». Im bescheidenen Räderwerk der damals rund 1500 Einwohner zählenden Unterbaselbieter Gemeinde kam dem Wächter, dessen Amtszeit drei Jahre dauerte und der bei offiziellen Amtshandlungen einen Hut aufsetzen musste, eine wichtige Funktion zu: «Derselbe hat sich jeden Tag mindestens einmal in der vom Gemeindepräsidenten gesetzten Zeit von diesem die wichtigsten Weisungen und Aufträge entgegenzunehmen und alsobald auszuführen ... Er besorgt das Anzünden der Dorflaternen.»[59] Der Weibel war zudem das «Mitteilungsorgan» der Gemeinde; mit einer faustgrossen und einem Handgriff versehenen Glocke läutete er an bestimmten Orten seine Bekanntmachungen ein, z.B.: «Heute frische Blut- und Leberwürste bei ...»

[59] René Salathé (2015), S. 29ff.

69

Handy-Einsamkeit und Weltverbundenheit

Kommunikation – ein Schlüsselwort des 21. Jahrhunderts – das Handy ist sein Symbol. Sie suchen die Stille? Sie ist nicht verloren gegangen, sie findet sich glücklicherweise noch im Wald, und überraschenderweise manchmal im Tram. Da sitzen und stehen sie, die Passagiere – alle vornübergebeugt, und starren gebannt auf ein kleines Gerät, das sie behänd und lautlos mit ihren Fingern bearbeiten. Wo vor nicht langer Zeit noch rege mit den Mitreisenden geschwatzt und diskutiert wurde, da fungiert heute stellvertretend ein Instrument als Diskussionspartner: Das Handy – vom realen Gegenüber wird kaum mehr Notiz genommen. Man hört entweder Musik oder unterhält sich mit einem unsichtbaren Gesprächspartner oder spielt, als dritte Möglichkeit, selbstvergessen und still auf der Handy-Tastatur.
Da fordert angesichts der drohenden Klimakatastrophe ein sechzehnjähriges Mädchen vor dem schwedischen Parlament die Politiker zum Handeln auf. Social Media verbreitet die Schelte weltweit, und sie wird verstanden – auch in Basel, wo rund 1000 Schülerinnen und Schüler mit Plakaten, Transparenten lautstark in den Streik treten – nicht nur einmal, sondern wiederholt. Sind sie von der Dramatik der sich anbahnenden Klimakatastrophe ergriffen und bangen um ihre Zukunft oder ist ihnen der Protest nur bequemer Alibi-Vorwand für ein Aufsehen erregendes Massen-Mega-Event? Wir wissen es nicht genau, doch Tatsache ist, dass mit dem Handy ein neues revolutionäres Instrument entstanden ist, das in der Lage ist, spontan welt- und länderumspannend ohne langfristige Planung tiefgreifende gesellschaftliche Umwälzungen und Neu-Orientierungen auszulösen, wie z. B. den Arabischen Frühling oder eben den Klima-Protest.

BAUERNFÜHRER ULI SCHAD
ERKÄMPFTE UND STARB 1653

Illustre Baslerinnen und Basler

70–78

Zaleukos
Lucius Munatius Plancus
Anna von Habsburg
Erasmus von Rotterdam
Sebastian Castellio
Uli Schad
Theo, der Pfeifenraucher
Helvetia
Der Papst

70

Zaleukos

Zaleukos ist mit Sicherheit weder Basler noch Baselbieter und doch darf er in dieser Zusammenstellung nicht unerwähnt bleiben. Am Liestaler Rathaus fristet er sein kaum beachtetes Fresko-Dasein.
Zaleukos lebte um 663 v. Chr. in Unteritalien und war ein bekannter Gesetzgeber. Von ihm wird überliefert, er habe ein Gesetz erlassen, wonach Ehebruch mit dem Verlust beider Augen zu bestrafen sei. Als nun sein eigener Sohn beim Ehebruch ertappt wurde, habe er ihm, um ihm den Verlust des Augenlichts zu ersparen, eines seiner Augen geopfert. Die auf die Renaissance-Bemalung von 1590 zurückgehende Darstellung der Liestaler Rathausfassade schildert seine Blendung. Zaleukos kommt das Verdienst zu, als erster Grieche Gesetze schriftlich fixiert zu haben. Er wollte damit bewirken, dass die Rechtsprechung für eine gewisse Zeit keine Veränderung erfuhr. Allzu weitgehenden Gesetzeserneuerungen versuchte er darum mit geradezu archaischer Strenge den Riegel zu schieben. So bestimmte er, eine Änderung von Gesetzen sei zwar erlaubt, wer aber eine solche vorschlage, müsse dies mit einem Strick um den Hals tun, der zugezogen werde, wenn das vorgeschlagene Gesetz nicht allgemein als Verbesserung gegenüber dem bestehenden anerkannt werden könne.

71

Lucius Munatius Plancus

«Im Hofe des Rathauses steht seit 1580 ein Standbild, das der Bildhauer Hans Michel als Entgelt für seine Aufnahme ins Bürgerrecht lieferte. Es zeigt den römischen Offizier und politischen Opportunisten Lucius Munatius Plancus so, wie man sich damals einen römischen Feldherrn vorstellte. Genauso unhistorisch ist seine Bezeichnung ‹Gründer der Stadt Basel›. Bis vor Kurzem war man der Auffassung, dass er wenigstens die römische Kolonie Augusta Raurica, das heutige Augst, gegründet habe. Auch das ist inzwischen infrage gestellt worden.

Die Gegend von Basel ist für die Gründung einer Siedlung derart günstig gewesen, dass es keines römischen Feldherrn und Hofschranzen bedurfte, um ein Dorf, ein römisches Kastell und später eine Stadt entstehen zu lassen. Das Dorf lag naturgemäss in der Niederung, wo es genug Wasser für die Haushaltungen gab, aber auch für die Kleingewerbe, und wo Fischer und Schiffer ihrem Beruf nachgehen konnten. Das Kastell hingegen wurde auf der beherrschenden Höhe des Hügels angelegt, auf dem heute das Münster steht, und der im Sprachgebrauch alter Basler noch immer ‹auf Burg› genannt wird – wobei man sehr vorsichtig sein muss mit der Zurückführung solcher Ausdrücke auf frühere Gegebenheiten. Die Stadt wiederum entwickelte sich aus den Häusern, die im Schutze des Kastells und in dessen Nähe lagen, und wanderte von dort aus bergab in die Niederungen, die damals keineswegs bevorzugtes Baugebiet waren. Denn dort gab es noch Überschwemmungen, übelriechende Abwässer, Stechmücken und die von ihnen verbreitete Malaria.

Munatius Plancus dürfte sich mit solchen Überlegungen nicht abgegeben haben. Was er brauchte, war eine Siedlung für romtreue Legionäre, und die wollte er nicht in der ungesunden Gegend Basels anlegen, sondern rheinaufwärts beim heutigen Augst. Dass er dennoch zumindest während der Renaissance als Basler Stadtgründer angesehen wurde, entsprang dem Willen der humanistisch gebildeten Basler, ihrer Stadt einen vornehmen Ursprung anzudichten. Plancus war dazu der geeignete Mann, denn er hatte auch Lyon gegründet und in Rom hohe Ämter bekleidet. Dass er diese dank seiner guten Beziehungen und seiner geschmeidigen Anpasserei erhalten hatte, war im Basel des 16. Jahrhunderts nicht von Bedeutung.»[62]

[62] Hanns U. Christen und Meta Zweifel (1977), S. 8.

72

Anna von Habsburg

«Die Gemahlin Rudolf von Habsburgs, Gertrude von Hohenberg, als Königin später Anna genannt, liebte Basel sehr. Als sie 1281 starb, wurde ihre Leiche gemäss ihrem Wunsch von Wien nach Basel gebracht und im Münster begraben. Zwei ihrer Söhne, der jung verstorbene Karl und der 18-jährig im Rhein ertrunkene Hartmann, waren ebenfalls im Münster bestattet. Die Grabtafel von unbekannter Hand ist noch im Münster zu sehen und zeigt Königin Anna mit ihrem Söhnlein Karl. Das Grab Hartmanns wurde beim Erdbeben 1356 vernichtet. Im Jahr 1510 liessen Basler Domherren Annas Grab öffnen, entnahmen ihm die Krone der Königin und reihten sie in den Münsterschatz ein. Die Krone wurde nach der Trennung Basels in die Kantone Baselstadt und Baselland anno 1833 nach Berlin verkauft. Die Überreste Königin Annas waren bereits 1770 auf Wunsch von Kaiserin Maria Theresia von Basel über St. Blasien nach Wien gebracht worden, wo sie in der Kapuzinergruft ihre zweite Ruhestätte fanden».[63]

[63] Hanns U. Christen und Meta Zweifel (1977), S. 22.

·KÖNIGIN·GERTRUD·ANNA·
·GEMAHLIN·RUDOLFS·V·HABSBURG·
·GEB·GRÄFIN·V·HOHENBERG·
·†1281·
·GRAF·KARL·V·HABSBURG·
·DEREN·SÖHNLEIN·
·†1276·

Erasmus von Rotterdam

Es gibt den Erasmusplatz, das Erasmushaus und im Münster das Erasmus-Epitaph, das in Latein die Erinnerung an den Humanisten, Theologen und Philosophen Erasmus von Rotterdam festhält: Und doch ist das Nachleben dieses grossen Europäers nicht sehr lebendig; anders vielleicht bestenfalls für die Studentinnen und Studenten, die sich im Rahmen des europäischen Erasmus-Programms ein Austauschsemester leisten können.

Erasmus wurde am 12. Juli 1536 feierlich im Münster bestattet. Auf der schönen Grabinschrift rühmen seine Freunde den «allseits grossen Mann, dessen unvergleichliche, mit ebensolcher Klugheit gepaarte Beherrschung jedes Wissensgebietes die Nachwelt bewundern und berühren wird».
Erasmus, von Protestanten wie Katholiken heftig befehdet, war ein «Fürst des Geistes», der überall zu Hause war, wo Manuskripte zu erforschen waren, Bücher geschrieben und gedruckt und die Fragen des Glaubens, der Politik und des Lebens diskutiert wurden.

Von den vielen Schriften des Erasmus sei an das «Lob der Torheit» erinnert. Im Sommer des Jahres 1509 überquerte der knapp Vierzigjährige nach einem dreijährigen Italien-Aufenthalt die Alpenpässe und verfasste – immer im Sattel – von Herberge zu Herberge eine reformatorische Streitschrift gegen die Veräusserlichung der Frömmigkeit und für das wahre Christentum.
Erinnerungswürdig sind ausserdem die zahlreichen von ihm gesammelten Sprichwörter; ein Beispiel: «Wer den Kern aus einer Nuss essen will, der soll die Nuss zerbrechen.»

73

Sebastian Castellio

74

Es gibt berühmte Basler, die in Basel selbst nur Wenigen bekannt sind. Sebastian Castellio (1515–1563) ist neben Erasmus von Rotterdam wohl der bedeutendste Vertreter dieser Gruppe – entsprechend erinnert erst seit 2016 eine bescheidene, am Treppenweg zwischen der St. Alban-Vorstadt und der St. Alban-Kirche angebrachte Gedenktafel an diesen unbekannten Bekannten. Castellio lebte in der turbulenten Zeit der Reformation und veröffentlichte unter anderem eine lateinische Bibelübersetzung. Vor allem aber war sein Leben von der Auseinandersetzung mit Calvin bestimmt. Der Streit eskalierte, als am 27. Oktober 1553 vor den Toren Genfs die Verbrennung von Michael Servet als Ketzer erfolgte. Castellio verurteilte diese Todesstrafe und trat für religiöse Toleranz ein, denn «einen Menschen töten, heisst nicht, eine Lehre zu verteidigen, sondern einen Menschen zu töten» – ein Satz, der in die Geschichte eingegangen ist und die Basler Gedenktafel ziert.
Castellio entging dem Schicksal, wie Servet auf dem Scheiterhaufen zu landen; er floh mit seiner Familie nach Basel, wo er die letzten 18 Jahre seines Lebens verbrachte, als Professor für die griechische Sprache und als Verfasser pädagogischer, philologischer und theologischer Schriften – immer unter dem Damoklesschwert von Calvins Verdammung, er sei «ein Werkzeug des Satans».

Castellios Toleranz-Botschaft ist leider auch im dritten Jahrtausend aktuell wie eh und je: Die zahlreichen Menschenrechtsverletzungen beweisen es.

Uli Schad

Uli Schad war einer der Leiter des Bauernaufstandes von 1653. In Oberdorf, seinem Geburts- und Wohnort, erinnert der von Fritz Bürgin gestaltete Dorfbrunnen an den glücklosen Hauptanführer der Baselbieter Untertanen, der sich gegen herrschaftliche Willkür und überhöhte Steuerforderungen der Gnädigen Herren zur Wehr gesetzt hatte. Im Juni 1653 rechtfertigte Uli Schad sich während den Verhandlungen damit, im Auftrag seiner Gemeinde und der Landschaft gehandelt zu haben.
Nach Festnahme und Entwaffnung begann für ihn und die sechs weiteren Angeklagten ein «Theater des Schreckens»; sie wurden gefoltert und zum Tode verurteilt. Während die sechs Mitangeklagten unter «diskretem Geläute»[64] der Binninger St. Margrethenkirche vor dem Steinentor mit dem Schwert hingerichtet wurden, endete Uli Schad als Hauptangeklagter am 14. Juli am Galgen. Er erlitt damit eine als besonders entehrend geltende Strafe. Auch wurde ihm ein christliches Begräbnis verwehrt.

[64] Dominique Oppler (2015).

75

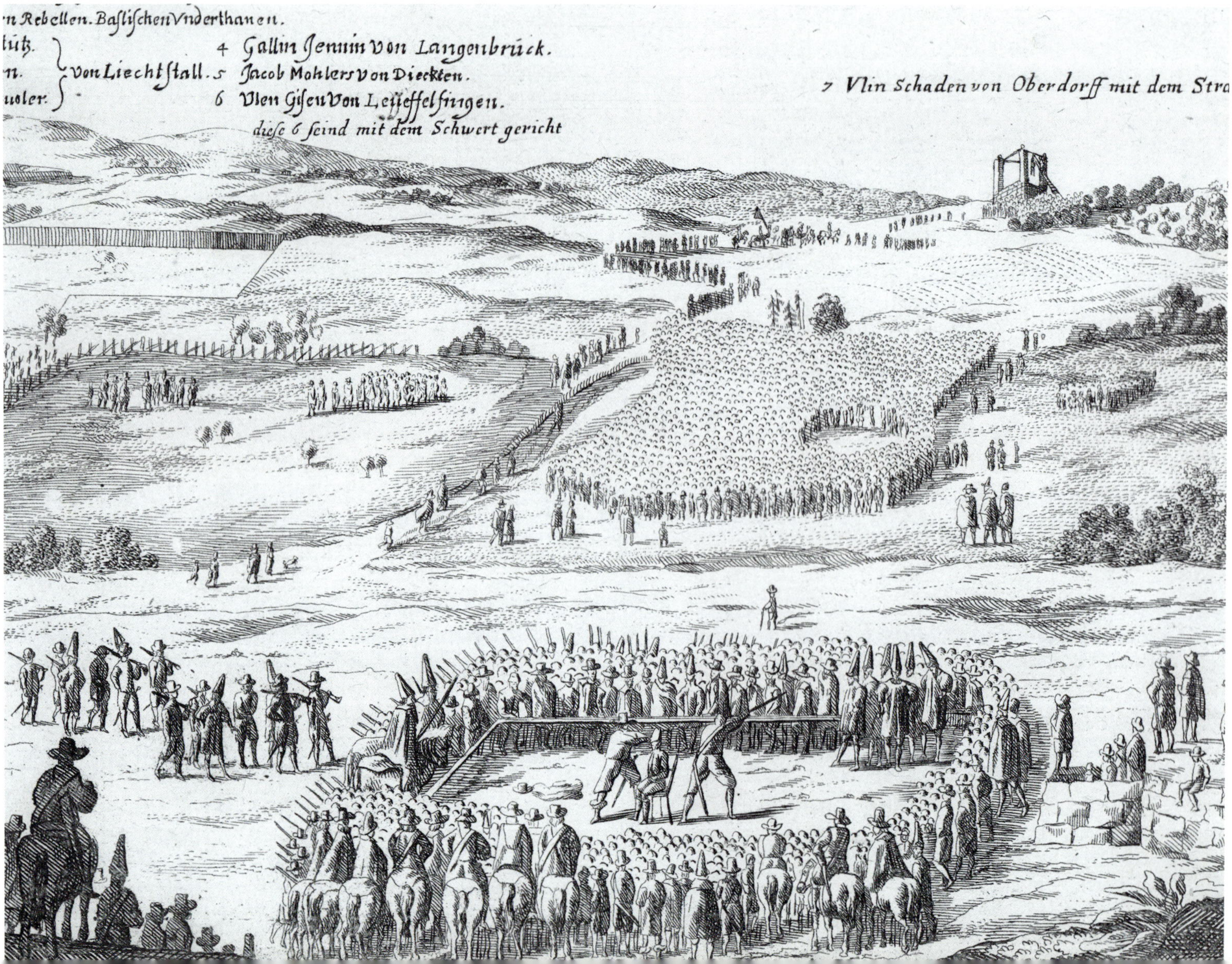

Theo, der Pfeifenraucher

Theo, der Pfeifenraucher, war weder Politiker noch Gelehrter oder Künstler, er war einfach der pfeifenrauchende Theo. Merkwürdig genug – Theos Geschichte beginnt nicht mit seiner Geburt, sondern mit seinem Tod. 2007 widmete ihm das Naturhistorische Museum Basel eine Ausstellung und präsentierte erste Forschungsergebnisse «zur Person eines Arbeiters, der vor über zweihundert Jahren in Kleinbasel gelebt hatte. Gleichzeitig rief das Museum mit Steckbrief und Phantombild die Basler Bevölkerung zur Hilfe bei der Identifizierung des Unbekannten auf. Der Gesuchte wurde als einer von vielen zwischen 1779 und 1833 auf dem Friedhof der Kirchgemeinde St. Theodor beigesetzt. 1984 wurde sein Skelett zusammen mit denen anderer Bestatteten von der Archäologischen Bodenforschung Basel-Stadt ausgegraben. Anhand seiner sterblichen Überreste wurden mit anthropologischen forensischen Methoden sein Aussehen, seine Gesundheit und seine persönlichen Gewohnheiten zu Lebzeiten rekonstruiert. Nach ersten anthropologischen Untersuchungen des Skeletts von Theo stand fest, dass der unbekannte Kleinbasler ein Alter zwischen 28 und 32 Jahren erreicht hatte. Die Geschlechtsbestimmung ergab ein männliches Individuum von eher grazilem Körperbau und einer geschätzten Grösse von 1.60 m. Abnutzungserscheinungen an der Wirbelsäule (Arthrose) könnten die Folge schwerer körperlicher Arbeit sein. Tiefe Rillen im Schmelz von Theos Zähnen zeugen von einer unzureichenden Ernährung. Vielleicht steht diese im Zusammenhang mit Hungerjahren, die er als heranwachsender Knabe durchlebt haben könnte. Mangelnde Mundhygiene führte zu schmerzhafter Karies und fauligem Mundgeruch. Theo war ein passionierter Pfeifenraucher. Da er seine Pfeife auch bei der Arbeit im Mund behielt, schliff sich das tönerne Mundstück in seine Zähne ein und verursachte so einen runden Defekt. Zusätzlich litt er an empfindlichen ‹Raucherzähnen›. Um diese zu schonen, trug er die Pfeife irgendwann weiter vorne im Mund. Auf diese Weise entstand die zweite Pfeifenspur.»[65]

[65] Gerhard Hotz et al. (2007), S. 173ff. und Gerhard Hotz et al. (2010).

76

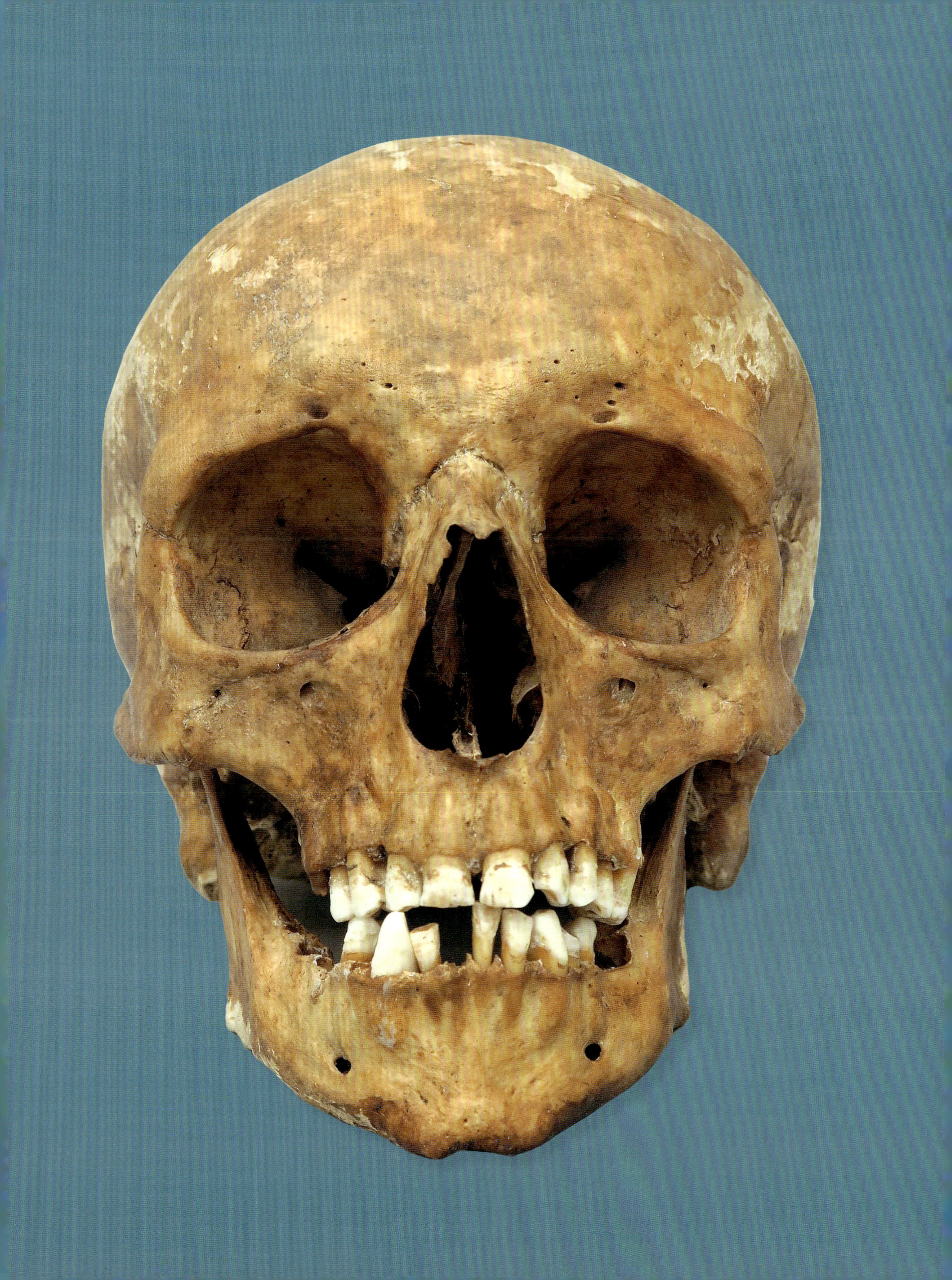

Helvetia

77

Gleich drei Mal begegnen wir unserer Landesmutter Helvetia in Basel– einmal in der stolzen Pose der Siegesgöttin, die in bewegter Haltung vier sterbenden Kriegern von St. Jakob den Siegeskranz reicht, dann als Wohltäterin der 1870 von deutschen Truppen beschossenen und Not leidenden Strassburger Zivilbevölkerung. Beeindruckend aber vor allem die Bronzefigur der «Helvetia auf der Reise» auf dem Kleinbasler Brückenkopf der Mittleren Rheinbrücke. Geschaffen wurde sie 1979/80 von der Basler Künstlerin Bettina Eichin. Was will das Denkmal uns sagen? Wir lauschen einem Gespräch zwischen der Landesmutter und dem Landesvater Wilhelm Tell, der seine Basler Wirkungsstätte, das Restaurant Wilhelm Tell in der Spalenvorstadt, für einen kleinen Schwatz verlassen hat.

«Mich freut es, dass Du, lieber Wilhelm Tell, gekommen bist, mich zu besuchen. Eine Aussprache zwischen uns war überfällig. Es ist kein Zufall, dass wir uns nicht nur von der äusseren Erscheinung als Denkmal sehr nahe sind, viel wichtiger ist unsere geistige Wesensverwandtschaft: Wir haben es beide verstanden, uns von den Fesseln der Gesellschaft zu lösen und der Erstarrung zu trotzen.

Wir sind beide Kämpfer, das weiss man nachgerade, und doch gibt es Unterschiede.

Während Dein legendärer Apfelschuss beinahe auf den Tag genau datiert werden kann und Du mit dieser Tat schlagartig und nachhaltig – so sagt man heute – berühmt geworden bist, verliert sich meine Geschichte mehr oder weniger im Dunkel der Vorgeschichte. Es würde zu weit führen, all meine Lebensstationen aufzuführen: Man hat mich als Landes- und Tugendallegorie, als Titelblattfigur unzähliger Publikationen, als Plakat und als Motiv für eine der ersten Schweizer Briefmarken verwendet, doch meine wahre Bestimmung habe ich erst in Basel am Ufer des Rheins gefunden. Da sitze ich nun – meine klassischen Attribute Speer und Schild habe ich abgelegt, ebenso meinen Reisekoffer und den Mantel – und blicke, den Rücken der Schweiz zugekehrt, dem sich in der Ferne verlierenden Rhein nach. Ja, mein lieber Wilhelm Tell, ich bin müde geworden und fast etwas resigniert: Mein unablässiger Kampf für die Rechte der Frau hat mich nachdenklich gestimmt. Warum, so frage ich Dich, ist die Männerbastion in unserem Land so stark? Warum herrscht trotz Gleichstellungsgesetz im Bereich der Karrieremöglichkeiten oder bei der Entlöhnung alles andere als Gleichheit zwischen Frau und Mann? Warum steht unser Land so oft im europäischen Abseits? Warum, warum? Das frage ich Dich, weil ich weiss, dass Du Dich wie kein Zweiter für die Bürgerrechte eingesetzt hast. Aber – Hand aufs Herz – wo ist Dein Einsatz für die Frauen geblieben? Hast Du Deine Frau Hedwig, die sich ja nie eine Auszeit leisten konnte, über das landesübliche und bescheidene Mass hinaus entlastet oder hast Du Dir gar angesichts Deiner waghalsigen Alpenrosen- und Edelweissklettereien Gedanken gemacht, wie es ihr zu Mute sein könnte?

Nein, es liegt mir, weiss Gott fern, Dich beleidigen zu wollen, ich weiss nur zu gut, dass man nicht an allen Fronten kämpfen kann. Mir und meinem Anliegen wäre schon gedient, wenn Du Dich wenigstens in Zukunft für das nur scheinbar schwache Geschlecht einsetzen könntest. Versprochen?»
PS: Unterdessen – wir schreiben den 6. April 2019 – hat sich satt bei der Helvetia ein 3 ½ m hohes und 20 m langes Plastikungeheuer niedergelassen; es macht mit seinem vielfältigen «Plastik-Angebot» auf die grosse Gefahr aufmerksam, die den Meeren und ihren Bewohnern mit der «Plastifizierung» droht und ruft ganz im Sinne unserer kämpferischen Helvetia zum Plastik-Boykott auf – im Haushalt, in der Industrie, einfach überall.

Der Papst

78

Wo tritt der Papst in Basel auf? Im Basler Rathaus beim Eingang zum Ratssaal auf einer Darstellung des Jüngstes Gerichtes, das bekanntlich keine Standesunterschiede kennt und für alle Menschen gilt.

Zur Zeit der Reformation wurden den zur Hölle verdammten Personen katholische Kircheninsignien aufgemalt; eine Person war dabei mit aufgesetzter Tiara unschwer als Papst zu identifizieren. Nachdem der Wiener Kongress 1815 neun katholische Birsecker Gemeinden des früheren Fürstbistums Basel zuteilte, liess die Stadt in Rücksicht auf die «neuen» Basler diese katholischen Zeichen 1825 retuschieren, da den aus dem Birseck stammenden Grossräten der «Anblick eines Papstes in der Hölle hätte ärgerlich werden können». 1854 kam es dann bei einer erneuten Renovation zur Wiederherstellung der Insignien – gewissermassen als Strafe für «die undankbaren katholischen Birsecker», die sich ja von Basel getrennt hatten. [66]

[66] Hans Utz (2015), S. 152.

Heilige in Stadt und Land

79–81

Die Hl. Barbara

Der Hl. Niklaus von Flüe

Der Hl. Wendelin

Wir leben in einer nüchternen Zeit. Wo bleibt da noch Raum für Heiliges und für Heilige? Wir machen uns auf die Suche und lassen uns überraschen – allen negativen Vorzeichen zum Trotz.

Die Hl. Barbara

Der Kanton Basel-Landschaft ist ein «Tunnelkanton»; im Blick auf die Tunnelkilometer seines Nationalstrassen-Anteils kann er sich jedenfalls mit den Alpenkantonen messen. Zu dieser Bewertung hat nicht zuletzt der 2630 Meter lange und Grellingen umfahrende Eggflue-Strassentunnel beigetragen. Er wurde am 9. Juni 1999 eröffnet, mit dabei war die Heilige Barbara, die heute noch in einer vergitterten Wandnische am Südende den unaufhörlich brandenden Verkehr beobachtet. Sie war es auch, die zuvor die Bauarbeiten überwacht hatte, um drohende Unfälle zu verhindern; ohne sie würde bekanntlich kein Mineur die gefährliche Arbeit im Tunnel aufnehmen. «Ob nun jemand an Heilige glaubt oder nicht, die psychologische Wirkung der Heiligen lässt sich nicht bestreiten. Indem die Mineure (oder Strassenbauer) beim Einfahren zur Schicht ihre Patronin betrachten, schützen sie sich auch selbst. Das dabei vermittelte Bewusstsein über die Gefahren ihrer Arbeit trägt zur Sicherheit bei.»[67]

Wie kam die Heilige Barbara zu ihrer Berufung? Der Überlieferung zufolge lebte Barbara als Tochter eines reichen Kaufmanns im 3. Jahrhundert in Nikomedien in der heutigen Türkei. Anstatt zu heiraten, wollte die junge Frau ihr Leben Christus widmen. Als sichtbaren Hinweis auf ihren Glauben an die Dreifaltigkeit liess sie neben den zwei Fenstern im Turm ein drittes anbringen. Ihr heidnischer Vater war mit ihrem Bekenntnis zum Christentum nicht einverstanden und drohte sie zu erschlagen, doch Barbara gelang die Flucht. Auf wundersame Weise öffnete sich vor ihr ein Fels, in dem sie sich verstecken konnte. Ein Hirt verriet sie indessen und Barbara wurde vom römischen Statthalter eingekerkert und gegeisselt. Ohne Erfolg – sie hielt am christlichen Glauben fest. Als selbst grausame Foltern sie nicht zum Abschwören brachten, vollstreckte der Vater selbst das Urteil und enthauptete sie eigenhändig mit dem Schwert.

Auch wenn Barbara heute zu den beliebtesten Volksheiligen gehört, im offiziellen Festkalender der katholischen Kirche wird sie seit 1969 nicht mehr geführt, da ihre Herkunft, ihr Leben und Martyrium historisch nicht nachgewiesen werden können und Wahrheit und Dichtung kaum mehr zu trennen sind. Warum wurde sie trotzdem zur Patronin der Bergleute? Der Fels hat sie gerettet und wieder freigelassen, der gleiche Fels, dem die Mineure zu Leibe rücken.

Ihr zu Ehren wurden am 4. Dezember, ihrem Namenstag, jeweils die Arbeiten im Tunnel niedergelegt, eine Messe gelesen und ein Fest veranstaltet. Weil bei den Bauarbeiten im Grellinger Tunnel kein einziger Unfall zu verzeichnen war, wurde beschlossen, die 50 cm hohe Bronzefigur der Heiligen nach der Tunneleröffnung nicht wie gewohnt wieder mitzunehmen, sondern sie aus Dankbarkeit in einer Nische stehen zu lassen.

[67] Philippe Unterschütz (2007), S. 41.

79

Der Hl. Niklaus von Flüe

Kennen Sie die in der Basler Gegend seit alters bekannte Redensart «Füür im Elsass»? Vermutlich ist sie als Ausdruck der wechselvollen Geschichte des nahen Elsasses entstanden. Das Feuer im Elsass, im übertragenen Sinn, soll auch ein Mann gesehen und erlebt haben, von dem man es auf den ersten Blick nicht vermuten würde – gemeint ist Niklaus von Flüe. Folgendes berichtet Heini Amgrund, Kirchherr von Stans im Kirchenbuch von Sachseln: «Am Gallustag (16. Oktober) des Jahres 1467 nahm Niklaus von Flüe in seinem fünfzigsten Lebensjahr von seiner Familie Abschied, um sein Leben im Elend (Ausland) zu beschliessen und von einer heiligen Stätte zur andern zu wandern. Als er nach Liestal kam, hatte er den Eindruck, die Stadt mit ihren Häusern sei ganz rot. Er erschrak dermassen, dass er sie umgehend verliess und einen Hof im nahen Windental aufsuchte. Dort erklärte er dem Bauer die Gründe seiner Auswanderung, sie missfielen dem ‹pur›, er widersprach und meinte, ‹er solle wieder heim gan zu den seynen und daselbs gott dienen, das wurde gott empfenglicher sin› als anderen Leuten zur Last zu fallen.
Niklaus von Flüe beherzigte die Ermahnung des Bauern und verbrachte die Nacht auf dem Feld. Dort hatte er eine Erscheinung – ‹do keme ein glantz und ein schin vom hymel› – die ihn schmerzte und ihm bedeutete, wieder heim in den Ranft zu gehen.»[68]
An der Fassade des Rathauses von Liestal ist in beschwörender Haltung das Bild des Schweizer Schutzpatrons Niklaus von Flüe zu sehen. Es symbolisiert die Erinnerung an eine Vision, die dem Leben des Heiligen eine neue Richtung und Bestimmung gab.

[68] René Salathé (2007), S. 62f.

80

Der Hl. Wendelin

Fünf der 86 Baselbieter Gemeindewappen führen in ihrem Wappenschild einen Heiligen. Besondere Erwähnung verdient der Heilige Wendelin; an ihn erinnert nicht nur das Wappen von Dittingen, sondern auch eine 1666 geweihte Kapelle beim Hofgut Kleinblauen in Zwingen. Am 20. Oktober ist sie heute noch Wallfahrtsziel von gegen hundert Pilgern, die das Andenken des irischen Heiligen feiern, der im 6. Jahrhundert in der Gegend von Trier missionierend tätig war.
Die Legende berichtet, dass Wendelin eines Tages an die Tür eines reichen Mannes anklopfte und um ein Stück Brot bat. Der Reiche hielt ihm entgegen: Ein junger und kräftiger Bursche soll sich sein Brot nicht erbetteln, sondern dafür arbeiten. Er schickte ihn fort, seine Schweine zu hüten. Demütig nahm Wendelin diesen niederen Dienst an, und bald kamen auch andere Herdentiere – Schafe, Kühe und Rinder – in seine Obhut. Er war ein derart erfolgreicher Hirte, dass ihm der dankbare Gutsherr ein Stück Land zur Verfügung stellte, damit Wendelin sich eine kleine Einsiedelei einrichten könne. Dort wurde der Hirte zum grossen Helfer für die Landbevölkerung, die ihm bei allen Problemen mit ihrem Vieh um Rat und Hilfe bat. Wendelins Einsatz wurde als Wunder verstanden. An dieses Wirken erinnern in der St. Wendelinkapelle beim Kleinblauen 95 hölzerne Votivgaben – primitive Nachbildungen von Menschenarmen und Beinen, sowie von Rinder- und Pferdebeinen.

81

Heim- und Fernweh

82–83

Das Heimweh

Das Fernweh

Das Heimweh

Wer hatte nicht schon einmal nagende und lähmende Heimweh-Schmerzen verspürt, beispielsweise im zarten Kindesalter? Der Basler Johannes Hofer, der sich 1688 als erster wissenschaftlich in seiner Doktorarbeit mit dieser seltsamen Krankheit befasste, wäre vielleicht in der Lage gewesen, Remedur zu schaffen. Er ist der Namensgeber der «Heimwehe»-Krankheit, die er vom wissenschaftlichen Namen «Nostalgia», aus dem Griechischen «nostos» (Heimkehr) und «algos» (Schmerz), abgeleitet hat. «Heimwehe», so stellte er fest, findet sich insbesondre «bei auswärts dienenden Soldaten, in der Fremde lebenden Jünglingen, ihre Familien entbehrenden Studenten und Bedienten, sowie Spitalpatienten in unerfreulicher Umgebung. Zum Krankheitsbild rechnete er unter anderem Appetitlosigkeit, Niedergeschlagenheit und Angstzustände.»[69] Während das Heimweh damals oft als typische Schweizer Krankheit diagnostiziert wurde, bestritt Hofer diese Beurteilung, wenn er auch einräumte, dass seinen Landsleuten eine besondere Heimweh-Disposition nicht abzusprechen sei.

Hofers lateinisch abgefasste Dissertation war ein Bestseller, sie erlebte eine Zweitauflage und wurde neunzig Jahre nach ihrem Erscheinen sogar ins Deutsche übersetzt.

Eine weitere eindrückliche Beschreibung des Heimweh-Phänomens hat Carl Spitteler in seinem 1914 erschienenen Rückblick «Meine frühesten Erlebnisse» geliefert. 1849 wurde sein Vater als Kassier des neu geschaffenen Bundesstaates nach Bern berufen; für Carl und seinen Bruder begann damit im Zeichen des Exils eine Zeit der Entbehrung und des Heimwehs nach Liestal, dem Ort glücklicher und unbeschwerter Geborgenheit.

«Schon nach einem halben Jahr hatten wir Kinder die Berner Sprache angenommen, während die Eltern immer ihre heimische Mundart bewahrten. In der Folge verbernerten wir beide ganz und gar, so dass wir später den Schulkameraden in Basel völlig als Bernerbuben erschienen, auch mit unserer Aussprache Lehrern

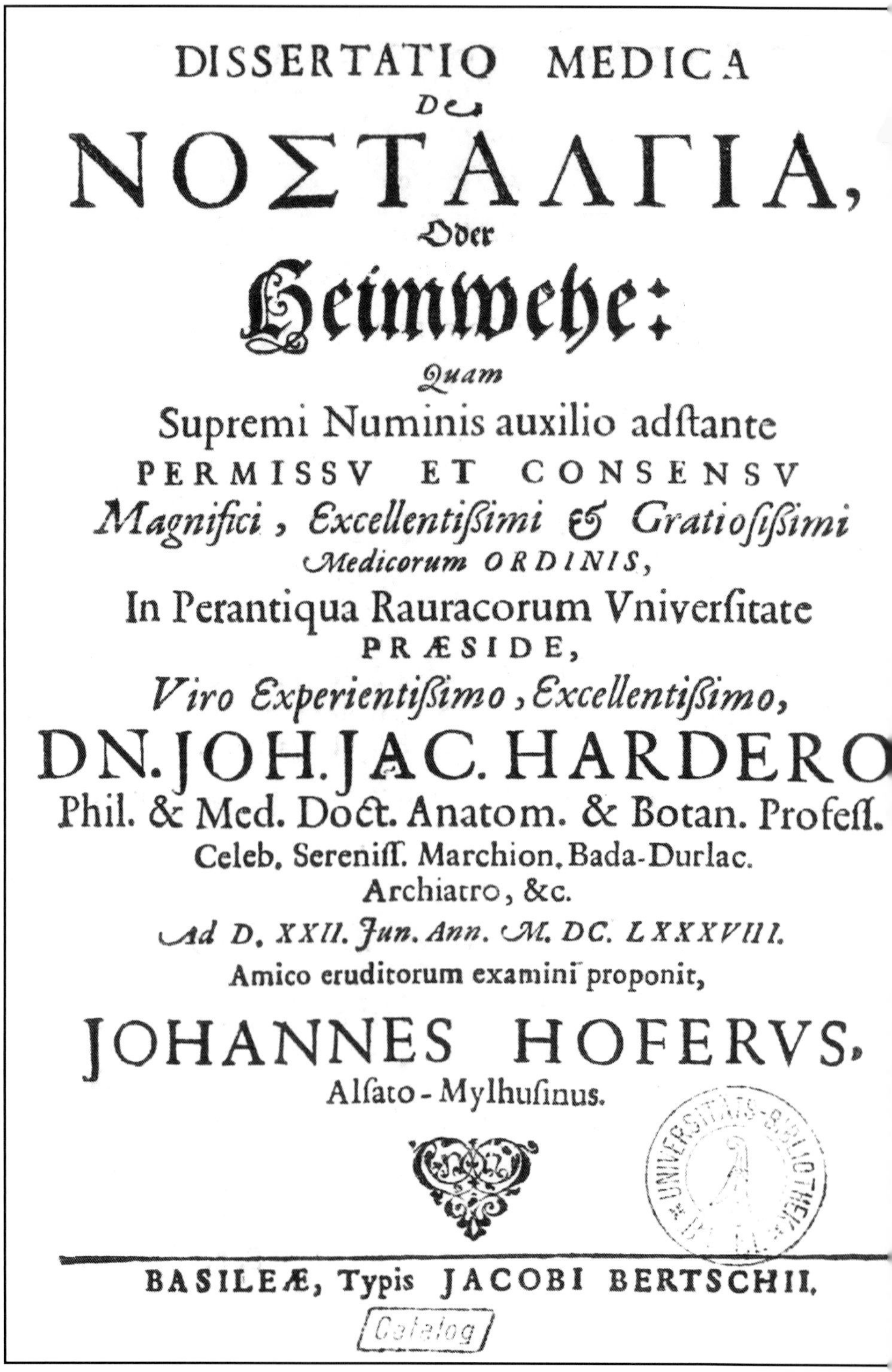

DISSERTATIO MEDICA
De
ΝΟΣΤΑΛΓΙΑ,
Oder
Heimwehe:
Quam
Supremi Numinis auxilio adſtante
PERMISSV ET CONSENSV
Magnifici, Excellentiſſimi & Gratioſiſſimi
Medicorum ORDINIS,
In Perantiqua Rauracorum Vniverſitate
PRÆSIDE,
Viro Experientiſſimo, Excellentiſſimo,
DN. JOH. JAC. HARDERO
Phil. & Med. Doct. Anatom. & Botan. Profeſſ.
Celeb. Sereniſſ. Marchion. Bada-Durlac.
Archiatro, &c.
Ad D. XXII. Jun. Ann. M. DC. LXXXVIII.
Amico eruditorum examini proponit,
JOHANNES HOFERVS.
Alſato-Mylhuſinus.
BASILEÆ, Typis JACOBI BERTSCHII.

und Schülern anfänglich lebhaftes Ergötzen bereiteten. Nicht das Emmenthaler Deutsch eines Gotthelf und Loosli, sondern das Stadtbernische der Tavel und Greyerz. Im Innersten jedoch, im Herzen, blieben wir Basellandschäftler. Zu lebhaft leuchteten in unserer Erinnerung die tausend und abertausend Erlebnisse der vier ersten Kinderjahre, zu wenig beseelte uns die Anhänglichkeit an unsere Grosseltern, Vettern und Verwandten, zu zahlreiche Freunde, Bekannte und Gönner hatten wir zurückgelassen, als dass wir uns dessen hätten entledigen können. Wir fühlten uns in Bern von der ersten Stunde an als Abwesende und bald als Verbannte. Mit der Zeit übernahm uns ein sehnsüchtiges Heimweh, das den Hintergrund unseres gesamten Gefühlszustandes bildete und mit den Jahren nicht abnahm, vielmehr immer deutlicher ins Bewusstsein emporwuchs. Das Wort ‹Heimweh› kannten wir zwar nicht und das Wort ‹Heimat› verstanden wir nicht. Anders als unsere Mutter, deren Augen feucht erglänzten, wenn wir kräftig und ruhig sangen ‹Heimat, Heimat über alles›. Aber die Sache kannten wir: die glühende Sehnsucht nach den zurückgelassenen lieben Menschen und trauten Örtlichkeiten.»

Spittelers so lebhafte Rückbesinnung ist Ausdruck der prägenden ersten Jugendjahre: «Wenn mich aber jemand fragte: ‹Wann in deinem Leben warst du am meisten Ich? Welches deiner Ich in den verschiedensten Lebensstufen geht dich am nächsten an? Welches davon würdest du bekennen, falls du wählen müsstest?› So würde ich antworten: ‹Das meiner frühesten Kindheit›.»

[69] Fritz Ernst (1949).

82

Das Fernweh

«Auf und davon» heisst eine beliebte Fernsehserie, und wer hätte nicht auch schon daran gedacht, dieser Aufforderung nachzukommen – was im Zeitalter einer sich stetig überbietenden Mobilität – man denke nur an die angekündigten privaten Weltraum-Exkursionen – um einiges einfacher geworden ist. Aus dem reichen Basler Repertoire von «Auf- und davon reisen» greifen wir exemplarisch die Reisen von Samuel Braun (1590–1668), dem ersten Basler Afrikareisenden, heraus.

1624 erschien in Basel das Buch «Samuel Brun / des Wundarztes und Burgers zu Basel / Schiffarten: Welche er in etliche newe Länder und Insulen / zu fünff underschiedlichen malen / mit Gottes hülff / gethan: An jetzo aber / auff begeren vieler ehrlicher Leuthen / selbs beschrieben: und menniglichen / mit kurtzweil und nutz zu läsen / in Truck kommen lassen.»[70]

Nach seiner Lehre als Barbier und Wundarzt und Wanderjahren in der Kurpfalz ging der 1590 in Basel geborene Braun 1611 nach Amsterdam. Das lebhafte Getriebe der Weltstadt gefiel ihm; beim Bartschneiden und Aderlassen vernahm er von den holländischen Seefahrern viel Wunderbares und manch abenteuerliche Erzählung über Afrika und Indien. Das weckte die Reiselust und das Verlangen, die Welt kennenzulernen – wohin, war ihm absolut gleichgültig. So nahm er denn die erstbeste Gelegenheit wahr und liess sich im Dezember 1611 auf ein holländisches Handelsschiff anwerben, das für eine knapp zweijährige Fahrt nach Niederguinea auslief.

Braun liess es nicht nur bei dieser ersten Reise nach Westafrika bewenden, auf zwei weiteren Fahrten durchmass er die westafrikanische Küste in ihrer ganzen Länge von Sierra Leone bis zum Kongo. Nach zwei Reisen in den Mittelmeer-Raum, trat er 1617 auf einem Kriegsschiff im Dienste der Generalstaaten seine letzte Fahrt an, die ihn als Wundarzt drei Jahre von Holland fernhielt, ihm aber anderseits im Fort «Nassau» Gelegenheit gab, über die Tier- und Pflanzenwelt seines Wirkungsortes wertvolle Aufzeichnungen zu machen. Im Herbst 1621 kehrte Samuel Braun von seiner letzten Reise heim. Als Bürger seiner Vaterstadt übernahm er das Amt eines Spitalchirurgen und fand Zeit, seine Reiseerlebnisse und -erfahrungen schriftlich festzuhalten und in Druck zu geben, «damit also jhro viel sich darinnen erlustigen möchten». Er habe sich allerdings, heisst es im Begleitwort eines Freundes, wegen «seiner angeborenen Bescheidenheit» lange geziert, «endlich aber sich bewegen lassen / besonders weil er nichts von hör-sagen / sondern alles auss eigener Erfahrung geschrieben habe».[71]

[70] René Salathé (2017), S. 28.
[71] René Salathé (2017), S. 31.

83

Samuel Brun/ des Wundartzet
vnd Burgers zu Basel/

Schiffarten:

Welche er in etliche newe Län-
der vnd Insulen/ zu fünff vnderschied-
lichen malen/ mit Gottes hülff/
gethan:

An jetzo aber/ auff begeren vieler ehr-
licher Leuthen/ selbs beschrieben: vnd men-
niglichen/ mit kurtzweil vnd nutz zu
läsen/ in Truck kommen
lassen.

Getruckt zu Basel/
In verlegung Johan Jacob Genaths.
Im Jahr 1624.

Sümeyye &
Selçuk
22.04.2019

Glück

84–91

Das Glücksrad
Das Finderglück
Das Salzglück
Das Liebesglück
Das Eheglück
Das Picassoglück
Das Medaillenglück
Das Erdbebenkreuz – Glück im Unglück

84 Das Glücksrad

Wer möchte nicht einmal am Glücksrad drehen und sein Glück auf die Probe stellen? Wer in Basel wohnt, der ist privilegiert; er hat jahraus, jahrein – und dies seit dem Jahr 1220 – die Möglichkeit, ein steinernes Glücksrad zu befragen. Gemeint ist das kreisrunde Radfenster über der Galluspforte auf der Westseite des Münsters. Es zeigt in seiner Umrandung «Gestalten von Männern, Jünglingen und Kindern, die teils hinaufsteigen, teils hinunterstürzen. Eine von ihnen versucht – entgegen der Kraft, der sie alle gehorchen müssen – in die Höhe zu gelangen. Eine andere behauptet den Platz auf dem Scheitel des Rades, Aber wie lange wird's dauern, bis auch sie den Weg in die Tiefe antreten muss?
Wir meinen, das Rad sich drehen zu sehen, das Sehnen der Emporstrebenden zu spüren, das Lachen des Siegers, aber auch die Schreie des Stürzenden zu hören. Denn wir kennen dieses Glücksrad nicht nur aus dieser Darstellung. Es ist ein Abbild und eine Deutung unseres Daseins, des Lebens des Einzelnen und des Schicksals ganzer Völker und Zeiten. Wir kommen uns selbst wie auf dieses Rad geheftet vor. ... Das Leben ist ein fortwährendes Auf und Ab. Was in allem Wechsel bleibt, ist die Sehnsucht nach Erfüllung und die Klage über die stets neu enttäuschten Hoffnungen.»[72]

[72] Fritz Buri (1961), S. 63ff.

Das Finderglück

«Am 23. Oktober 1991, kurz vor Feierabend, klingelt das Telefon. Eine rauschende Handyverbindung, wie damals üblich, und aus weiter Ferne die hörbar erregte Stimme des kantonalen Forschungsleiters. Man sei in einem Grab auf ein grösseres Schmuckstück gestossen. Es sei mit Edelsteinen verziert und Gold blitze hervor! Kurz vor Ende der zweiten Grabungskampagne im frühmittelalterlichen Friedhof Steinacker am Nordrand von Aesch war ein Jahrhundertfund zum Vorschein gekommen.»[74]
«Die Restaurierung offenbarte die volle Pracht: Eine Fibel, Vorderseite und Seitenwand aus einer Gold-Silber-Legierung, die Seiten mit fein getriebenem Blattrankendekor, vorne Fassungen für blaue, grüne und rote Glasplättchen, Silberbleche und eine zentrale Glasgemme … Die rund 30-jährige Frau, die um 680 n. Chr. zusammen mit ihrem etwa 35-jährigen Mann in einer grossen Grabkammer beigesetzt worden ist, gehörte wohl kaum der obersten Elite an. Im gleichen Friedhof gab es bedeutendere, wenig später aber leider geplünderte Gräber. Zudem zeigt die edle Brosche deutliche Gebrauchsspuren – vielleicht also ein Erbstück aus nobler Verwandtschaft, das dank dem Handwechsel der üblichen Beraubung reicher Adelsgräber entgangen ist.»

Ein «edles Fundstück» ist auch die Archäologie-Geschichte «50 Jahre – 50 Funde» des Kantons Basel-Landschaft; in Wort und Bild gibt sie spannende Einblicke in unsere Vergangenheit.

[74] Reto Marti et al. (2018), S. 86f.

85

Das Salzglück

«Liestal, den 1. August 1837. Heute wurde die erste Lieferung basellandschaftlichen Salzes in unsere Magazine gebracht», schreibt das Volksblatt am 4. August 1837, «Zwei mit 45 Zentnern (zusammen 90 kg) beladene, mit grünem Baumreis geschmückte Wagen wurden unter Peitschenknall durch die Residenz hinauf und auf der anderen Seite wieder hinab geführt.
Dieses Salz übertrifft an blendender Weisse, Reinheit und innerem Gehalt das französische. Die basellandschaftlichen Kühe werden sich freuen, wenn sie in Zukunft vaterländisches Salz schlecken können. Auch den Baslern soll es gut bekommen. Der Bubendörfer Badwirt bezieht nämlich Salzsole (Salzwasser) aus der Saline und bereitet Bäder; und die Wirkung dieser Bäder soll so erstaunlich sein, dass mehrere alte Jungfrauen durch deren Gebrauch die Runzeln verloren haben.»
Und 1887 lobte der Baselbieter Regierungsrat: «Ja, die Saline ist der Stolz jedes Landschäftlers, wie ein echter Bauer auf seine Milchkuh im Stall stolz ist. Diese Saline konzentriert auf sich das Interesse des ganzen Kantons, und von ihrem Blühen und Gedeihen hängt der mehr oder weniger günstige Stand unserer jährlichen Staatsrechnung ab.»[73]

[73] Dominique Oppler (2015), S. 67.

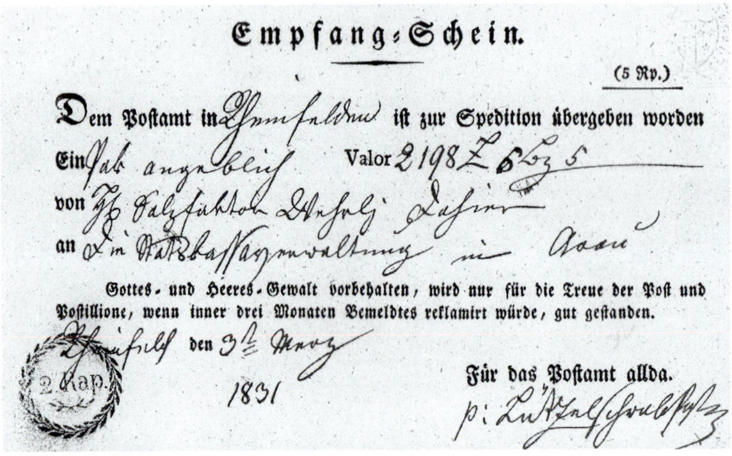
Empfang-Schein.

(5 Rp.)

Dem Postamt in [illegible] ist zur Spedition übergeben worden
Ein [illegible] Valor 2198 [illegible] 5
von [illegible]
an [illegible]

Gottes- und Heeres-Gewalt vorbehalten, wird nur für die Treue der Post und Postillione, wenn inner drei Monaten Bemeldtes reklamirt würde, gut gestanden.

[illegible] den 3. März
1831

2 Rap.

Für das Postamt allda.
p: [illegible]

86

18

Das Liebesglück

87

Unsere Bräuche gibt es weder seit Urzeiten, noch sind sie unveränderlich; wie alles in der Welt, ist auch das Brauchtum in stetiger Bewegung – Bräuche gehen verloren, Bräuche verändern sich, neue Bräuche entstehen. Ein Musterbeispiel eines neuen Brauchs – er ist erst im dritten Jahrtausend entstanden – sind die sogenannten Liebesschlösser.

Liebesschlösser sind Vorhängeschlösser, die von Verliebten an Brücken, Gittern oder ähnlichen freistehenden Objekten angebracht werden, um symbolisch ihre ewige Liebe zu belegen.

Ausgangspunkt dieses Brauches ist wahrscheinlich Italien mit seinen «lucchetti dell'amore», die erstmals von Absolventen der Sanitätsakademie San Giorgio in Florenz am Ende ihrer Ausbildungszeit an einem Gitter des Ponte Vecchio festgemacht wurden. Dank des verfilmten Bestsellers «Drei Meter über dem Himmel» von Federico Moccia wurde die Thematik der «Liebesschlösser» populär und verbreitete sich in ganz Europa. In dieser Geschichte schwören sich die beiden Protagonisten ewige Liebe, befestigen das Schloss an der zentralen Brückenlaterne und werfen dann den Schlüssel in den Tiber.

Auch in Basel fand der Brauch Beachtung und Nachahmung; die zentral gelegene, alte Kapelle des «Käppelijochs» auf der Mittleren Brücke war idealer «Tatort». So sammelten sich bald hunderte dieser Schlösser, bis es den Behörden aufgrund zahlreicher Vorstösse im Grossen Rat zu viel wurde.

Sie liessen im Frühling 2018 den auf 150 Kilogramm angewachsenen und die Kapelle entstellenden Liebesschlösser-Segen entfernen. Wen wundert es? Bereits 2019 «zieren» wieder einige neue Schlösser die Kapelle!

Mido
Michael

L+M
BAS
Sophie
ROLAGOLD

Das Eheglück 88

Über das Leben der gebürtigen Französin Ernestine Allemandi-Petit (1838–1893), die Schwiegertochter des französischen Generals Michael Napoleon Allemandi-Ehinger, wissen wir wenig, und trotzdem lebt die Erinnerung an sie weiter.
Ernestine Allemandi fühlte sich dem Kanton Basel-Landschaft und der Augster Bevölkerung herzlich zugetan; sie erliess deshalb ein Jahr vor ihrem Tod ein Testament, das als Allemandi-Stiftung in die Geschichte eingegangen ist und noch heute nachwirkt. So liest sich Jahr für Jahr eine amtliche Mitteilung der Stadtverwaltung Liestal – und des Gemeinderates in Augst – folgendermassen: «Allemandi Stiftung: Braut oder Jungunternehmerin gesucht. Durch die Vergabung der Eheleute Allemandi-Peter ist der Stadt Liestal und auch der Gemeinde Augst ein Kapital zugekommen, aus dessen Zinsen einer Bürgerin jährlich ermöglicht werden soll, zu heiraten oder ein eigenes Geschäft zu gründen. Folgende Bedingungen müssen laut testamentarischer Weisung erfüllt sein: Vorzugsweise Bürgerin von Liestal oder Augst, in Liestal wohnhaft, Verehelichung oder Gründung der eigenen Unternehmung bis Ende Mai 2017, Bewerberinnen dürfen sich nicht selbst melden, dies hat durch andere Einwohnerinnen oder Einwohner zu geschehen. Schriftliche Hinweise zu einer Braut oder Jungunternehmerin, welche die Kriterien der Vergabe erfüllt, sind bis spätestens 30. April 2017 bei der Stadtverwaltung einzureichen.»

Die Zinsen des Legats in der Höhe von 30000 Franken kommen alljährlich zu zwei Drittel Liestal und zu einem Drittel Augst für die Aussteuer armer unbescholtener Töchter zu. Den derart Beschenkten winkt am Hochzeitstag erst noch eine «Allemandi-Denkmünze». Wiewohl niemand bestreiten wird, dass die Idee dieser Stiftung nur guten Absichten entsprang, glaubte der Augster Dorfchronist 1904 doch darauf hinweisen zu müssen, dass das Legat «schon manches Unheil gestiftet habe». Er gab zu dieser auf den ersten Blick absurd klingenden Behauptung die Erklärung, dass schon mehrere Ehen ausschliesslich wegen der Aussicht auf die wenigen Hundert Franken der Allemandi-Stiftung geschlossen worden seien.
Er wisse aber mehr als ein Mädchen zu nennen, das nach der Verehlichung ins Elend geraten sei, weil ihr «derart geköderter Mann» sie verlassen habe. Heute dürfte sich niemand mehr wegen der Aussicht auf einen Zuschuss aus der Allemandi-Kasse zu einer Heirat bewegen lassen, denn schon lange hat sich der Wert der Ausschüttungen wegen der Abwertung beträchtlich vermindert. Wie «exotisch» der Allemandi-Beitrag heutzutage wirkt, beweist, dass unlängst bei der Übergabe der Gedenkmünze in Augst eine derart überraschte «tugendhafte Braut» glaubte, sie sei Opfer der «Versteckten Kamera» geworden.

89

Das Picassoglück

«Was wäre eigentlich aus der Kunst geworden, hätte es Picasso nicht gegeben? Man müsste wohl auf eine Welt spekulieren, die an bildender Kunst weit ärmer wäre, als sie es heute ist. Dies in qualitativer wie auch in quantitativer Hinsicht. Denn die schiere Kunstproduktion unserer Tage lässt sich auf eine Popularität der Kunst zurückführen, die so noch nie dagewesen war – bis Picasso auf der Bildfläche erschien.» Zweifellos spielte Basel mit seiner besonderen Beziehung zu Picasso, dem «Gründer der Kunstreligion»[75], eine bemerkenswerte und einmalige Rolle in dieser Entwicklung.

Am 19. Dezember 1967 waren zwei Mitarbeiter der Nationalzeitung unterwegs nach Südfrankreich, wo sie mit Picasso verabredet waren. Er wollte ihnen stellvertretend für die Rettung von zwei Gemälden danken, die dem Kunstmuseum ohne den beispiellosen Einsatz der Basler Bevölkerung verloren gegangen wären. Und er tat dies, indem er der Stadt generös zwei der Werke schenkte, die ihm am liebsten waren. Wenn das Basler Kunstmuseum heute im Brennpunkt der Picasso-Begeisterung steht, dann ist dies nicht zuletzt dieser ausserordentlichen Schenkung zu verdanken.

[75] Philipp Meier (2019).

Das Medaillenglück 90

Das Liestaler Dichtermuseum hütet einen ausserordentlichen Schatz: Es ist die Nobelpreismedaille, die Carl Spitteler (1845–1925) in Stockholm 1920 verliehen worden ist.
«Die Medaille hat einen Durchmesser von 65 mm und ein Gewicht von ca. 200 g. Die Vorderseite jeder Nobelpreismedaille zeigt das Porträt Alfred Nobels, dessen Lebensdaten in römischen Ziffern (1833–1896) und die Gravur ‹E. Lindberg 1902›, die auf den Medailleur E. Lindberg verweist. Die Rückseite unterscheidet sich je nach Kategorie des Nobelpreises. Bei der Literatur zeigt sie eine Muse, die einen schreibenden Jüngling mit dem Lorbeerkranz des Dichters inspiriert. Nebst einem erneuten Verweis auf Lindberg und der Gravur ‹ACAD› ‹SUEC› (Königliche Schwedische Akademie) sehen Sie hier auch das Horaz-Zitat ‹INVENTAS VITAM IUVAT EXCOLLUISSE PER ARTE› – ungefähr übersetzt: ‹Erfindungen verbessern das Leben, das durch die Künste verschönert wird›. Ausserdem wird die Medaille hier personifiziert: Auf einer kleinen Plakette ist Spittelers Name und die Jahreszahl 1919 in römischen Ziffern eingraviert – Spitteler erhielt den Preis zwar im Jahr 1920, jedoch rückwirkend auf das Jahr 1919, in dem der Preis nicht verliehen wurde. Er ist deshalb als Literaturpreisträger für das Jahr 1919 registriert.»[76]

Spittelers Dichtung ist nur schwer zugänglich und unter anderem deshalb weitgehend in Vergessenheit geraten. Sie spielt in der antiken Sagenwelt und ist Ausdruck eines unstillbaren dichterischen Fernwehs, sodass man leicht meinen könnte, ihr Schöpfer schwebe über den Wolken und verkenne die Realität. Doch das Gegenteil ist wahr: Spitteler war ein klug und kritisch beobachtender Zeitgenosse. Das beweisen nicht zuletzt seine Briefe an die Eltern während seiner Jugendjahre (1871–1879). Sie berichten anschaulich vom Leben in der russischen Hauptstadt St. Petersburg, wo es sich der junge Hauslehrer in schweizerischer Gemütlichkeit und kaiserlichem Glanz wohl sein lässt. Unvergessen bleibt seine berühmt gewordene Rede «Unser Schweizer Standpunkt», mit der er 1914 für die unbedingte Neutralität der Schweiz im Ersten Weltkrieg und gegen die drohende Spaltung zwischen der Deutsch- und der Westschweiz eintrat – Beweis genug, dass Spitteler zeit seines Lebens stark heimatverbunden war, sodass er selbst im hohen Alter bekannte: «Liestal ist und bleibt meine Heimat.»
Und diese starke Bindung rechtfertigt und erklärt, warum die Spitteler-Medaille nicht im Landes-, sondern im Liestaler Dichtermuseum aufbewahrt wird.

[76] Die offizielle Beschreibung der Medaille durch das Dichtermuseum.

Das Erdbebenkreuz – Glück im Unglück

«Wir schreiben das Jahr 1356. Es ist Herbst, 18. Oktober. Graf Wallraff von Thierstein und sein Freund, Ritter Bärenfels vom Schloss Pfeffingen, reiten durch die Reinacherheide nach Basel. Nach mehrtägiger erfolgreicher Treibjagd sind die beiden in ausgelassener Stimmung. Ein zufällig des Weges kommender, ebenfalls berittener Priester ermahnt sie zur Besonnenheit: Die edlen Herren möchten mit ihrem momentanen Glück nicht so wichtigtun, denn das Glück sei wie zerbrechliches Glas und könnte noch heute in Brüche gehen. Doch der Gottesmann kommt an die Falschen. Erbost über die ungebetene Einmischung schlagen die beiden auf das Pferd des Priesters ein, der zu Boden geworfen wird. Ungerührt reiten die Edelleute weiter. Doch die Reue lässt nicht auf sich warten: Ritter Bärenfels kehrt noch vor den Mauern der Stadt um und sucht in der ganzen Gegend nach dem Priester, um sich zu entschuldigen.

Unverrichteter Dinge reitet er nach Aesch, wo ihn verängstigte Bewohner umringen. Sie fragen ihn, was der heisse Luftzug zu bedeuten habe, der vom Blauen herunterwehe. Auch über das ungewohnte Verhalten der Tiere rätseln sie – die Pferde wiehern und suchen sich von ihren Fesseln zu befreien, Hühner und Tauben flattern und schwirren wie besessen herum. Doch Ritter Bärenfels weiss keine Antwort. Seit dem unguten Ausgang der Begegnung mit dem Priester treibt auch ihn eine dumpfe Angst um. Noch bevor er Pfeffingen erreicht, beginnt etwa um zwei Uhr der Boden zu wanken. Von Ferne kann er mitansehen, wie sein Schloss in Trümmer sinkt, doch bleiben Frau und Kind wie durch ein Wunder am Leben. Ritter Bärenfels ist überzeugt, dass ihn nur die Begegnung mit dem Gottesmann und die tätige Reue vor dem Tod gerettet haben. Denn wäre er wegen der Suche nach dem Priester nicht verspätet nach Hause gekommen, so läge er vielleicht unter den Trümmern seines Schlosses. Aus Dankbarkeit lässt er am Ort der Begegnung mit dem Priester ein hölzernes Kreuz errichten; es ist das Erdbebenkreuz.

Auch in Basel wankt der Boden, und ein seltsames Rauschen erfüllt die Luft. Häuser schwanken in ihren Grundfesten, Kirchtürme geraten in pendelnde Bewegung und unversehens läuten die Glocken von selbst. Die Menschen fliehen ins Freie, vor die Stadt – sie lassen fallendes Mauerwerk und Gebälk hinter sich, aber nicht allen gelingt die Flucht – zwei bis dreihundert werden erschlagen, sind tot – unter ihnen auch Graf Wallraff. Nicht genug – in der Nacht bricht in der St. Albanvorstadt ein Brand aus, der ganze Häuserzeilen, ganze Quartiere erfasst. Die Löscharbeiten werden jäh durch einen zweiten Stoss unterbrochen, der wiederum einige Opfer fordert. Die Stadt, die damals eine Bevölkerung von 6000 bis 9000 Einwohner aufweist, gleicht einem Trümmerhaufen.

Das 1978 errichtete Nachfolgekreuz ist kein ‹normales› Kreuz; mit seinen schief gestellten Steinplatten erinnert es an die Gewalt des Grossen Erdbebens.»[77]

91

[77] Bericht gemäss Unterlagen des Reinacher Heimatmuseums. Text aus: René Salathé (2007), S. 34ff.

92–95

Die Pest

Das Basler Kunstmuseum hütet ein besonders eindrückliches Erinnerungsobjekt, das Gemälde Arnold Böcklins «Die Pest». Es verbildlicht die Epidemie als drachenähnliches Ungeheuer, das mit seinem Pesthauch, den man im Mittelalter für die Verbreitung der Seuche verantwortlich machte, die Menschen dahinrafft. Der Tod erfasst die Menschen mitten im Leben und lässt beispielsweise den Mann im weissen Hemd an der Hauswand langsam zusammensacken.
Die Pest verschonte auch das Land nicht, wo sie wiederholt auftrat – aus Rümlingen erfahren wir beispielsweise: «Anno Domini 1628, den 9. September ist durch sonderbare Straff und Schückung Gottes die Plag der Pestilentz eingerissen alhir, und sonderlich ist des Landvogts Senn sambt seinem Eheweib und 5 Kinden hieran geschwündt gestorben, innerhalb 10 Tagen.»[78]
Und in Ziefen erinnert noch heute die Pestglocke aus dem Jahr 1569 mit einem wehmütigen Memento mori an die Schreckenszeit, die fünf Jahre zuvor im Dorf 211 Todesopfer gefordert und unweit der Kirche zu einem Massenbegräbnis geführt hatte:

*ALLES FLEISCH VERSCHLEISST WIE EIN KLEID/
DAS IST DER ALT BUND/
MENSCH DU MUSST STERBEN*

Wenn von der Pest die Rede ist, dann darf der Heilige Rochus nicht unerwähnt bleiben; er ist ein Allerweltsheiliger und Schutzpatron der Totengräber, Chirurgen und Bürstenbinder, vor allem aber schützt er vor Pest und Seuchen. Die Legende erzählt, dass der Pilger aus Montpellier in Italien, wo er aufopferungsvoll Kranke gepflegt hatte, erkrankte und danach glücklich wieder genas. Doch auf der Rückreise von Rom soll sich der Heilige 1325 auf dem Passwang-Grat zwischen Mümliswil und Reigoldswil bei einem Sturz derart schwer verletzt haben, dass ein Weiterpilgern unmöglich geworden sei. An der Stelle, wo er leidend auf Hilfe wartete, steht zu seiner Verehrung eine kleine Kapelle, die im Oktober 1937 eingeweiht wurde.

[78] Peter Stöcklin (1986), S. 93.

92

Der Verlust der goldenen Altartafel

Die Kantonstrennung führte zu einem herben kulturellen Aderlass. Zu allem Unglück, das der Bürgerkrieg über Stadt und Land gebracht hatte, kam noch der Verlust eines kostbaren und unersetzlichen Kunstwerkes. Bei der Trennung wurde nämlich der Münsterschatz geteilt, $\frac{1}{3}$ verblieb bei Basel, $\frac{2}{3}$ gingen an den jungen Kanton Basel-Landschaft, der – finanziell angeschlagen – das wertvolle Kulturgut verkaufen musste. Und so fand die von Kaiser Heinrich II. 1019 anlässlich der Weihe des neu gebauten Münsters gestiftete goldene Altarvorsatztafel 1852 den Weg ins Pariser «Musée national du Moyen Âge».
Die 120 cm hohe und 177 cm breite Altartafel ist aus dünnem Goldblech getrieben und in fünf Figurenfelder unterteilt.
Wir entdecken u. a. ganz links den Hl. Benedikt von Nursia mit Tonsur. Mönchskutte und Sandalen, Krummstab und Regelbuch kennzeichnen ihn als Abt und Gründer des ersten abendländischen Mönchsordens um 529.

93

94

Die Hinrichtung

«Rund 10000 Baselbieterinnen und Baselbieter sollen sich auf der ‹Blutwiese› im Liestaler Gstadeckgebiet gedrängt haben, als am 15. Oktober 1851 Scharfrichter Jakob Mengis dem Raubmörder Hyazinth Bayer mit dem Schwert den Kopf abschlug. Auf dem Schafott hatte sich der aus Friedrichshafen stammende Bayer noch an die Zuschauenden gewandt und in eindringlichen Worten die Jugend vor dem Bösen gewarnt. Die Liestaler waren gerührt. Danach sollte es nie wieder eine Hinrichtung auf Baselbieter Boden geben.»[79]
Was hatte zur Verurteilung Hyazinth Bayers (1822–1851) geführt? Der aus einer unehlichen Beziehung stammende und vagabundierende Büchsenmacher hatte dem Bubendörfer Posamenter Heinrich Wiesner 36 Franken geraubt, ehe er ihn mit 20 Stockhieben totschlug. Ursache dieser schrecklichen Tat war die verzweifelte Liebe zu einer geldgierigen Fabrikarbeiterin, welcher der Mörder angeblich nie so viel bieten konnte, wie sie von ihm verlangte. Wie nahm Bayer seine Verurteilung wahr? Josef Viktor Widmann (1842–1911), bis heute einer der bedeutendsten Baselbieter Schriftsteller, hat als Neunjähriger die Hinrichtung miterlebt und in seinen Jugenderinnerungen beschrieben. Er zeichnet das Bild eines angsterfüllten Verurteilten: «Wer den vor Furcht Halbtoten in diesem Moment gesehen hat, wird jedenfalls nie der oft leichtsinnig geäusserten Ansicht beipflichten, die Todesstrafe sei keine schreckliche Strafe.»[80]
Und noch ein Detail zu dieser letzten Exekution auf Baselbieter Boden – in Basel fand sie bereits 1819 statt: Bei der Hinrichtungsstätte wurde sowohl für die Familie des Mordopfers wie auch für die Braut des Unglücklichen gesammelt. Während für die Opferfamilie sieben Franken zusammenkamen, spendeten die ergriffenen Baselbieter der Braut des Mörders 24 Franken.

[79/80] Bojan Stula (2015).

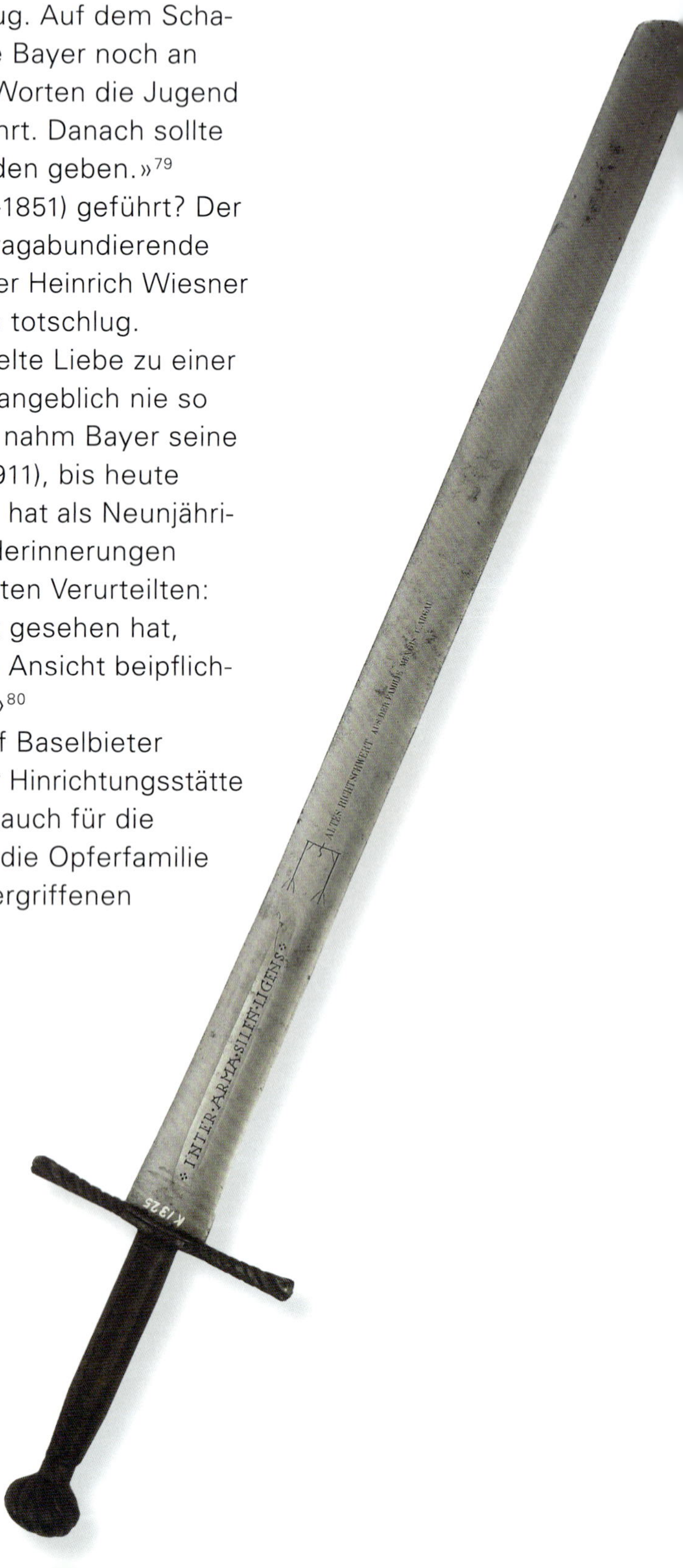

Das Tunnel-Unglück

Am 28. Mai 1857 ereignete sich beim Bau des Hauenstein-Scheiteltunnels eine schreckliche Brandkatastrophe, die 52 Arbeiter und 11 Rettungskräfte das Leben kostete. Im Lüftungsschacht der Tunnelschmiede fing ein Seil Feuer und setzte Bretter und Stützbalken in Brand, sodass der Schacht einstürzte. Den Arbeitern wurde dadurch der Weg ins Freie abgeschnitten; erst nach acht Tagen konnten sie geborgen werden.
Hans-Jörg Rickenbacher erinnerte 160 Jahre später mit einem Feuerspektakel an das Grossereignis. Während 63 Holzpfähle die Todesopfer symbolisierten, war die 10 × 15 × 10 Meter grosse Holzskulptur mit ihren beweglichen Rädern den Dampfmaschinen der Schmiede unter dem Lüftungsschacht nachgebildet. «Man soll spüren, wie die Arbeitsverhältnisse in dieser Hitze und unter den engen Raumverhältnissen waren. Der Mittelteil der Skulptur mit den nach oben züngelnden Flammen symbolisiert den Lüftungsschacht», erklärt Hans-Jörg Rickenbacher.

95

12
16
6
F
L
V
V
23
24

96–100

Basler und Baselbieter «Schlüsselbücher» der Geschichte

Enea Silvio Piccolomini (1405–1464):
Die Stadtbeschreibung

Daniel Bruckner (1707–1781):
«Versuch einer Beschreibung historischer und natürlicher Merkwürdigkeiten der Landschaft Basel»

Fritz René Allemann (1910–1996):
«25mal die Schweiz»

Georg Kreis und Beat von Wartburg (Hg.):
«Basel. Geschichte einer städtischen Gesellschaft» (2000)

«Nah dran, weit weg» (2001)

Enea Silvio Piccolomini (1405–1464): Die Stadtbeschreibung

Wie sah Basel im 15. Jahrhundert zur Zeit des Konzils von 1431–1449 aus? Da gibt es einen zuverlässigen Zeitzeugen, Enea Silvio Piccolomini, den bedeutenden Humanisten und späteren Papst Pius II. In seiner Stadtbeschreibung, die er 1438 während seines fast ein Jahrzehnt dauernden Aufenthalts anlässlich des Konzils verfasste, schildert Piccolomini detailreich und anschaulich seinen Arbeitsort:

«Basel wurde, wie man erzählt, erst vor achtzig Jahren durch häufige Erdbeben von Grund aus verschüttet, sodass nicht hundert Häuser aus der Zahl der Trümmer übrig blieben. Dies bestätigt die äussere Gestalt der Stadt, die wie aus einem Guss entstanden, überall neu ist. Kein Haus verrät Altertümliches, nichts Altes, Baufälliges ist zu erblicken. Die Stadt liegt am stolzesten der Flüsse, dem Rhein, und wird von ihm in zwei Teile geschnitten.

Kleinbasel liegt vollkommen eben und wird durch eine Anzahl Bäche bewässert und gereinigt. Grossbasel nimmt sich stattlicher und anmutiger aus, wie es auf zwei Hügeln und in dem dazwischen liegenden Tal kunstvoll erbaut ist. Die Kirchen weisen zwar keinen Marmor auf; doch sind sie aus gutem Material gebaut und ziemlich schmuckvoll. … Die Bürgerhäuser sind in ihrem Äussern sorgfältig unterhalten. Alle glänzen von

96

Sauberkeit; auch sind sehr viele mit Malereien versehen und besitzen Gärten, Höfe und laufende Brunnen. Im Allgemeinen zeichnen sie sich mehr durch ihre zweckdienliche Einrichtung als durch Prunk aus. Weil wegen der nördlichen Lage der Stadt der Winter sehr lange andauert und sehr hart sein kann, rühmt sich jedes Haus, ein warmes Gemach zu besitzen. ... Die Gassen sind weder eng noch breit, sodass die Wagen einander ohne Hindernis ausweichen können. In der Stadt befinden sich einige nicht unansehnliche Plätze, wo die Bürger zusammenkommen, wo alles Mögliche gekauft und verkauft, vertauscht und verhandelt wird. Es gibt daselbst auch stolze Brunnen, denen süsses, klares Wasser entsprudelt. Überhaupt trifft man solche in allen Strassen. Wer in Basel die Brunnen zählen wollte, müsste auch die Häuser zählen ...

Die Ringmauern und Bollwerke möchten kaum einem kriegerischen Angriff oder einer regelrechten Belagerung Stand halten. Indessen hat die innere Stadt eine bessere Ringmauer, die aus Backsteinen und Steinplatten ausgeführt ist. Darunter finden sich jüdische Grabsteine mit hebräischen Inschriften eingemauert, die von der vertriebenen Judenschaft herrühren. In Basel ist man der Ansicht, dass die Einigkeit der Bürger der beste Schutz der Stadt sei; denn wo Eintracht herrscht, vermag auch der stärkste Feind nichts auszurichten.»[81]

[81] Enea Silvio Piccolomini (1438).

Daniel Bruckner (1707–1781): «Versuch einer Beschreibung historischer und natürlicher Merkwürdigkeiten der Landschaft Basel»

97

Der in den Jahren 1748 bis 1763 erschienene «Versuch» ist das «Muster einer Heimatkunde auf wissenschaftlicher Grundlage», qualifiziert Edgar Bonjour, der grosse Historiker, die «Merkwürdigkeiten» in seiner Schweizer Geschichtsschreibung.[82]

Wer kannte als Bewohner des Baselbiets im Zeitalter der Aufklärung diese Landschaft vor den Toren der Stadt, ihre Geschichte, ihre Natur? Vielleicht einige «Verwaltungsbeamte», die im Auftrag der «gnädigen Herren» im Untertanenland zum Rechten sahen. Für «normale» Landschäfter blieb aber das von ihnen bewohnte und bewirtschaftete Land ein Buch mit sieben Siegeln.

Versuch einer Beschreibung
historischer und natürlicher
Merkwürdigkeiten
der
Landschaft Basel.
XIII. Stück.
Von
Waldenburg.

Legt doch, ihr Sterblichen, das Fernglas aus der Hand!
Macht euch die Gegenden, die ihr bewohnt, bekannt.
J. F. C. Fabricius.

Basel, bey Emanuel Thurneysen, 1755.

Umso bemerkenswerter darum das Erscheinen der «Merkwürdigkeiten». Doch war ihre Lektüre nur Wenigen vorbehalten, denn Lesen war noch ausgesprochenes Vorrecht einiger Privilegierter – beispielsweise der Pfarrherren, die meistens Stadtbürger waren.
Der Autor der «Merkwürdigkeiten» war der Basler Daniel Bruckner (1707–1781). Er hatte Recht studiert, wurde 1748 Mitglied des Grossen Rates und 1765 Ratssubstitut. Als solcher hatte er unbeschränkten Zugang zu den städtischen Archiven, und so entstand ein wegweisendes Werk in 23 mit Kupferstichen von Emanuel Büchel (1705–1775) bereicherten «Stücken».

Wir blättern durch diese 23 den Dörfern der damaligen Basler Landschaft gewidmeten «Stücke» und erfreuen uns der reichen Illustration, die u. a. auf den Titelseiten mit abwechslungsreichen Vignetten und moralisierenden Sprüchen zeitgenössischer Schriftsteller überrascht. Einer dieser Sprüche verdient es, besonders hervorgehoben zu werden. Er ist dem dreizehnten, dem Städtchen Waldenburg gewidmeten «Stück» vorgesetzt.

«Legt doch, ihr Sterblichen, das Fernrohr aus der Hand!Macht euch die Gegenden, die ihr bewohnt, bekannt.»

Damit ist das Motto von Bruckners historischer Forschung angesprochen. Seine Gültigkeit hat es auch im dritten Jahrtausend, das im Zeichen der digitalisierten Globalisierung und der weltweiten Mobilität steht, nicht verloren – im Gegenteil! Es ist aktueller denn je.

Bruckners «Merkwürdigkeiten» gaben den Anstoss für die zwischen 1805 und 1816 in drei Bänden erschienenen «Neue Merkwürdigkeiten der Landschaft Basel» des Theologen und Historikers Markus Lutz (1772–1835). Und natürlich sind die «Neuen Baselbieter Merkwürdigkeiten» – sie liegen in vier Folgen vor: 2007, 2014, 2016 und 2018 – letztlich dem Vorbild von Daniel Bruckner zu danken.

[82] Richard Feller und Edgar Bonjour (1979), S. 481.

Fritz René Allemann (1910–1996): «25mal die Schweiz»

98

Die Auflage von 1965 beinhaltet das Kapitel «Baselland – Kanton auf Abruf» und die Auflage von 1988 weist das Kapitel «Baselland – Vom Bauernland zum Industriekanton» auf.
Auch wenn sich die Auslegeordnung des historischen Schweizer Panoramas in Details seit der Erstausgabe 1965 gewandelt hat, im Grundsätzlichen ist sie im 21. Jahrhundert unverändert geblieben. Wir verzichten an dieser Stelle auf eine differenzierte Würdigung der angesprochenen Basler Kapitel und zitieren – gleich wie Allemann im Prolog – lediglich Jeremias Gotthelf, der 1851 die Zweisamkeit der beiden nordwestschweizerischen Halbkantone folgendermassen beschreibt:

«Baselstadt und Baselland, Sind zwei Finger an einer Hand jetzt! Es gab eine Zeit, wo sie nur ein Finger waren. Da kam ein Spryssen drein, der Finger ward bös und endlich gab es zwei daraus. Beide sahen einander lange ganz erschrecklich an, wie man es thut, wenn man sich doppelt sieht auf einmal. Sie fürchteten sich sehr vor einander; rührte sich der eine, machte der andere schon die Faust, was sehr rührend war. Nun ist's wieder anders … Sie sind so gleichsam die am Rücken zusammengewachsene Brüder. Was dem Einen weh thut, macht dem Andern nicht wohl, und niest der Eine, sagt der Andere Prosit dazu. Wo Lieb und Leid getheilt werden, da stehts mit der Einigkeit nicht schlecht; vermag ein Finger eine Last nicht zu heben, hilft der Andere, und beide zwingen es.»[83]

[83] Jeremias Gotthelf (1851), S. 3.

Georg Kreis und Beat von Wartburg (Hg.): «Basel. Geschichte einer städtischen Gesellschaft» (2000)

«Von Zeit zu Zeit bedarf Geschichte neuer Darstellungen: Weil die Forschung zu neuen Erkenntnissen führt …, weil jede Zeit mit ihren spezifischen Sensibilitäten und Fragen ihr eigenes Verhältnis zur Vergangenheit erarbeiten muss, und schliesslich, weil auch» die jüngste Zeitgeschichte erfasst werden soll.[84]
Ein Autorenteam des Historischen Seminars der Universität Basel hat eine aktuelle Stadtgeschichte erarbeitet. Das neue Basler Geschichtswerk umfasst in chronologischer Reihenfolge acht Hauptbeiträge, ergänzt durch teils bei den Texten angefügte, teils am Schluss präsentierte Spezialbeiträge zu besonderen Aspekten. Die Aufsätze skizzieren Themen der jeweiligen Zeit im überregionalen Kontext und in ihrer Basler Ausprägung. Das Buch deckt alle Epochen ab, liefert Daten, Fakten, Hintergrundinformationen und beschreibt exemplarisch die städtische Entwicklung in ihrer gesellschaftlichen und urbanen Dimension. Allgemein verständlich geschrieben und reich illustriert, bietet das lange erwartete Standartwerk den Überblick über die Geschichte der Stadt Basel.

[84] Georg Kreis und Beat von Wartburg (2000), S. 9.

99

«Nah dran, weit weg» (2001)

«Nah dran, weit weg» – der besondere Titel wirbt für die sechsbändige «Geschichte des Kantons Basel-Landschaft», einem Werk, das mit grossem finanziellem und personellem Einsatz während 14 Jahren erarbeitet worden ist. «Nah dran, weit weg» ist keine ganz gewöhnliche Geschichtsreihe – sie erzählt weder von Schlachten noch von Heldentaten, sondern stellt die dörfliche Gemeinschaft und ihren Alltag in den Mittelpunkt. Zeitlich führt sie von der Urgeschichte bis ins 20. Jahrhundert und ist längst vergriffen, kann aber heute als Internetgeschichte unter www.geschichte.bl.ch/home.html für 34 Rundgänge durch die Vergangenheit abgerufen werden – mit über 1000 Texten, 1000 Abbildungen, 100 Filmen und 100 Tondokumenten.

Nah dran, weit weg.
Geschichte des Kantons
Basel-Landschaft

Band eins – Zeit und Räume.
Von der Urgeschichte zum Mittelalter
Band zwei – Bauern und Herren.
Das Mittelalter
Band drei – Arbeit und Glaube.
16. bis 18. Jahrhundert
Band vier – Dorf und Herrschaft.
16. bis 18. Jahrhundert
Band fünf – Armut und Reichtum.
19. und 20. Jahrhundert
Band sechs – Wohlstand und Krisen.
19. und 20. Jahrhundert

100

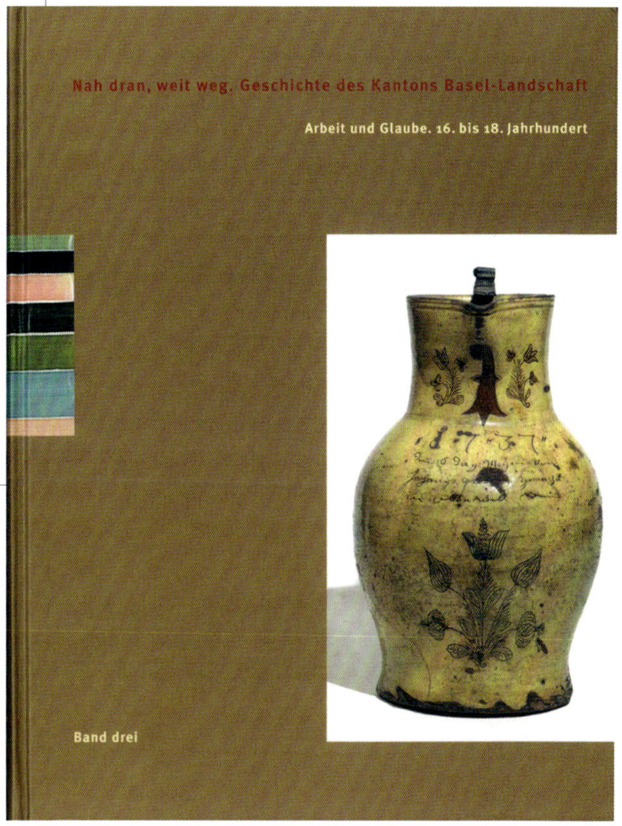

Quellenverzeichnis

Abbott, Anna-Lena. «Im Kreis zu fahren, ist Lebensqualität». Spiegel, 07.10.2014.

Andermatt, Liselotte. «Erinnerungen an Liebespakete und Selbstversorgung». In: «Jugendjahre in der Nordwestschweiz 1930–1950», Basel 2012.

Asper, Bea: «Sportlicher Einsatz für einen alten Brauch», Wochenblatt 18.04.2019.

Blumer-Inofri, Florian. «Die Elektrifizierung des dörflichen Alltags», Liestal 1991.

Bruckner, Daniel. «Versuch einer Beschreibung natürlicher und historischer Merkwürdigkeiten der Landschaft Basel», Basel 1748.

Bruckner, Daniel. «Versuch einer Beschreibung natürlicher und historischer Merkwürdigkeiten der Landschaft Basel, 3. Stück», Basel 1749.

«Bundesbeschluss betreffend den passiven Luftschutz der Zivilbevölkerung», 29. September 1934. Quelle: AS 50 666.

Burckhardt, Jacob. «Weltgeschichtliche Betrachtungen», Essen 1983.

Burckhardt Schaub, Christine. «Dies und das von wie es ‹was›». In: «Jugendjahre in der Nordwestschweiz 1930–1950», Basel 2012.

Burckhardt-Seebass, Christine. «Zehn Jahre, 1945–1955». In: «Jugendjahre in der Nordwestschweiz 1930–1950», Basel 2012.

Buri, Fritz. «Die Bibel und das Wort am Basler Münster», Basel 1961.

Cajacob, Flavian. «Der Hydrant», NZZ, 17.08.2009.

Christen, Hanns U. und Meta Zweifel. «Basler Mosaik aus Stadt und Landschaft», Basel 1977.

Degen, Bernard. «Rationierung». In: «Historisches Lexikon der Schweiz», Einsiedeln 2010.

Ernst, Fritz. «Vom Heimweh», Zürich 1949.

Feller, Richard und Bonjour Edgar. «Geschichtsschreibung der Schweiz. Band 1», Basel 1979.

Fürstenberger, Markus. «Glogge und Gleggli im Alte Basel», Basel 1999.

Gauss Karl. «Von alten Bäumen». In: «VII Tätigkeitsbericht. Naturforschende Gesellschaft Baselland», 1920.

Gotthelf, Jeremias. «Hans Jacob und Heiri oder die beiden Seidenweber». Berlin 1851.

Gubler, Thomas. «Späte Ehre für Baselbieter Kulturgut», Basler Zeitung, 29.04.2016.

Häring, Adolf. «Das Hülftendenkmal – eine historische Erinnerungsstätte». In: «Heimatbuch Frenkendorf», Liestal 1986.

Heinis, Fritz.«Von alten Eichen im Baselbiet». In: «IX. Tätigkeitsbericht der Naturforschenden Gesellschaft Baselland», 2006.

Heitz, Dominik. «Stadtjäger», Basel 2017.

Hotz, Gerhard et al. «Theo, der Pfeifenraucher. Aus dem Leben eines Kleinbaslers um 1800». In: «Basler Stadtbuch», 2007.

Hotz, Gerhard et al. «Theo, der Pfeifenraucher. Leben in Kleinbasel um 1800», Basel 2010.

Inglin, Martina. «Die Münsterglocke mit dem warmen Klang», SRF, 13.07.2019.

Jütte, Daniel. «Die Augen der Stadt», NZZ, 27.02.2015.

Kettiger, Johannes. «Jugenderinnerungen. Faksimile-Druck der Ausg. Zürich 1869», Liestal 1969.

Klaus, Fritz (1985). «Basel-Landschaft in historischen Dokumenten, Band 3», Liestal 1985.

Kracauer, Siegfried. «Aus einem französischen Seebad. Frankfurter Zeitung vom 14. September 1932». In: Siegfried Kracauer: «Berliner Nebeneinander. Ausgewählte Feuilletons 1930–33». Andreas Volk (Hg.), Zürich 1996.

Kreis, Georg und Beat von Wartburg (Hg.). «Basel – Geschichte einer städtischen Gesellschaft», Basel 2000.

Leutenegger Oberholzer, Susanne. «Lichtemissionen. Mehr Lebensqualität und weniger Energieverschwendung». Motion eingereicht am 14.04.2011.

MacGregor, Neil. «Eine Geschichte der Welt in 100 Objekten», 2015.

Maieroni, Fabia. «Klappern statt Glockenläuten: Ruft bald der Storch zum Gottesdienst?», Wochenblatt für das Birseck und Dorneck, 13.03.2019.

Marrer, Pius. «Vom Aeschenplatz nach Aesch». In: «Mit dem Tram unterwegs. B wie Basel», 1954.

Marti, Reto et al. «50 Jahre – 50 Funde – Archäologie im Kanton Baselland», Basel 2018.

Meier, Philipp. «Picasso – Gründer der Kunstreligion», NZZ, 02.02.2019.

Meyer, Werner. «Das Spalentor als Festung». In: «Jugendjahre in der Nordwestschweiz 1930–1950», Basel 2012.

-minu. «Läckerli mit y und ohne ä», Basler Zeitung, 28.12.2018.

Oppler, Dominique. «Ausflug in die Vergangenheit – Archäologische Streifzüge durchs Baselbiet», Hochwald 2015.

Pfirter, Delia. »Die hohe Kunst des Besenbindens», Basler Zeitung, 29.02.2015.

Piccolomini, Enea Silvio. «Stadtbeschreibung». 1438.

Rey, Karin. «Von Hypokras und Kittenebäätli», Basler Zeitung, 01.12.2018.

Rickenbacher, Hans-Jörg. «Feuerspektakel Homburgfest 04.06.2011». (Unveröffentlicht).

Rickenbacher Salathé, Ursula. «Ferien in der Kriegszeit». In: «Jugendjahre in der Nordwestschweiz 1930–1950», Basel 2012.

Rüdisühli, Kaspar [Hg.]. «Heimatkunde Birsfelden. Festschrift zum hundertjährigen Bestehen der selbständigen Gemeinde Birsfelden», Liestal 1976.

Salathé, René. «Die ‹Marktfrauenbank›». In: «Heimatkunde Pratteln 2003», Arbeitsgruppe Heimatkunde Pratteln 2003 (Hg.), Pratteln 2003.

Salathé, René. «Einen Moment bitte… Ihre Bürgergemeinde Reinach – seit 125 Jahren», Arlesheim 2015.

Salathé, René. «Glocken im Baselbiet», Liestal 2011.

Salathé, René. «Neue Baselbieter ‹Merkwürdigkeiten› – Erste Folge», Liestal 2007.

Salathé, René. «Neue Baselbieter ‹Merk-würdigkeiten› – Dritte Folge», Liestal 2016.

Salathé, René. «Samuel Braun – Schiffschirurg und Afrikareisender». In: «Bleibende Spuren, Biografien aus Basel – Stadt und Land», Basel 2017.

Salathé, René. «Vom Billeteur zum Billettautomaten». In: «Neue Basler ‹Merk-würdigkeiten› – Zweite Folge», Liestal 2014.

Salathé, René. «100 Jahre Autobus AG Liestal – Ein Unternehmen geht mit der Zeit», Liestal 2005.

Spring, Roy. «Plattgewalzte Tintenfische», Weltwoche, 01.12.1994.

«Statt einer Kirche ein Basilisken-Brunnen», NZZ, 06.04.2002.

Stöcklin, Peter. «Die Pest von 1628/29 und 1634/36 in der Kirchengemeinde Rümlingen». In: «Baselbieter Heimatbuch», Liestal 1986.

Stohler, Franz. «Die genossenschaftlich betriebenen Buuchhüsli in Ziefen», Jurablätter Nr. 8, 1980.

Stohler, Martin. «In Pratteln rufen die Kuhhörner zur Fasnacht», Tageswoche, 21.03.2019.

Striebel, Hans-Rudolf. «Meine Jugendjahre waren vom Zweiten Weltkrieg geprägt». In: «Jugendjahre in der Nordwestschweiz 1930–1950», Basel 2012.

Stula, Bojan. «Die Hinrichtung», Basellandschaftliche Zeitung, 29.07.2015.

Suter, Peter. «Baselbieter Rezepte», Arboldswil 1978.

Unterschütz, Philippe. «Felsenfest glauben die Mineure an Barbara», via 5, 2007.

Utz, Hans. «Eine Fussnote der Geschichte», Liestal 2015.

Weber, Jakob. «Von einer Zeitungsannonce zu regelmässigen Bierabenden: die Chronologie des ersten FCB-Jahres», BZ Basel, 15.11.2018.

Wiesner, Heinrich. «Kleine Baselbieter Sozialgeschichte», BZ Basel, 01.04.1999.

Wirz, Jacques. «Vor dem Zugriff. Aus meiner Vorschulzeit». In: «Jugendjahre in der Nordwestschweiz 1930–1950», Basel 2012.

Bildverzeichnis

Wir danken für die freundliche Abdruckgenehmigung der Fotos.
In einzelnen Fällen konnten die Rechteinhaber nicht ermittelt werden. Wir bitten um Hinweise an den Verlag, allfällige Honoraransprüche werden gerne abgegolten.

Inhaltsverzeichnis

- Basilisk. Friedrich Reinhardt Verlag, aus: Stephan Rüdisühli. «In 25 Schritten zum waschechten Bebbi», Basel 2020, Foto: Franziska Scheibler
- Alte Petrollampe. i Stock
- Allemandi-Münze aus dem Jahr 1895. Legat E. Allemandi, Bürgergemeinde der Stadt Basel
- Abbildung der Altartafel des Münsterschatzes. Historisches Museum Basel, Foto: P. Portner

1–12 BS- und BL-Wahrzeichen – eine Auswahl

- Münster vom Münsterplatz. Kanton Basel-Stadt, Foto: Juri Weiss

1. Der Baselstab
- Wappen vom Halbkanton Basel-Stadt. Kanton Basel-Stadt, Foto: unbekannt
- Der Baselstab, Wappen vom Halbkanton Basel-Stadt

2. Das Münster
- Kunigunde von Luxemburg. Friedrich Reinhardt Verlag, aus: Urs Hobi und Klaus Brodhage. «Basler Momente», Basel 2008, Foto: Klaus Brodhage
- Kaiser Heinrich II. Friedrich Reinhardt Verlag, aus: Lukas Landmann. «Basel in Bildern/Basel Illustrated», Basel 2010, Foto: Lukas Landmann
- Münster vom Rhein her mit Fähre. Kanton Basel-Stadt, Foto: Andi Cortellini und Ursula Sprecher

3. Der Basilisk
- Basilikenbrunnen. Friedrich Reinhardt Verlag, aus: Urs Hobi und Klaus Brodhage. «Basler Momente», Basel 2008, Fotos: Klaus Brodhage
- Basilisk auf Brunnen. Friedrich Reinhardt Verlag, aus: Lukas Landmann. «Basel in Bildern/Basel Illustrated», Basel 2010, Foto: Lukas Landmann

4. Der Lällekönig
- Unbeweglicher Lällekönig bei der Schifflände. Friedrich Reinhardt Verlag, aus: Urs Hobi und Klaus Brodhage. «Basler Momente», Basel 2008, Foto: Klaus Brodhage
- Lällekönig über Eingangstüre des ehemaligen Restaurants Schifflände. Friedrich Reinhardt Verlag, aus: Lukas Landmann. «Basel in Bildern/Basel Illustrated», Basel 2010, Foto: Lukas Landmann

5. Der Basler Briefkasten
- Basler-Dybli-Briefkästen. Friedrich Reinhardt Verlag, aus: Urs Hobi und Klaus Brodhage. «Basler Momente», Basel 2008, Fotos: Klaus Brodhage

6. Die Fähren
- Fähre auf dem Rhein. Friedrich Reinhardt Verlag, aus: Urs Hobi und Klaus Brodhage. «Basler Momente», Basel 2008, Foto: Klaus Brodhage

7. Der FCB
- Logo FCB.
- Fankurve. Aus: Urs Dünner. «Ai Stadt, ai Club, ai Liebi – FC Basel 1893 – Zwischen den Sternen», Basel 2017, Foto: Urs Dünner

8. Der Baselbieterstab
- Wappen vom Halbkanton Basel-Landschaft
- Fahne mit Wappen. i Stock
- Stadttor von Liestal. Friedrich Reinhardt Verlag, aus: Urs Hobi und Klaus Brodhage. «Basler Momente», Basel 2008, Foto: Klaus Brodhage

9. Das Regierungsgebäude und der Kantonsmittelpunkt
- Kantonsmittelpunkt, Kantonsstrasse von Lupsingen nach Seltisberg im Gebiet der Rüti. Friedrich Reinhardt Verlag, Foto: Laurids Jensen
- Regierungsgebäude Liestal. Friedrich Reinhardt Verlag, Foto: Laurids Jensen
- Informationsschild «Mittelpunkt Kanton Basel-Landschaft». Friedrich Reinhardt Verlag, Foto: Laurids Jensen

10. Die Gemeindewappen
- Auflistung Wappen der Gemeinden vom Halbkanton Basel-Landschaft

11. Der Freiheitsbaum
- Inschrift «Die erkenfte Freiheit im Jahr 1832», Rebhäuschen Pratteln Friedrich Reinhardt Verlag, Foto: Laurids Jensen
- Rebhäuschen Pratteln. Friedrich Reinhardt Verlag, Foto: Laurids Jensen

12. Das Kirschenland
- Schauenburger Hochstamm-Kirsche. FRUCTUS, die Vereinigung zur Förderung alter Obstsorten
- Strassenhinweisschild mit Kirschen. Verlag Martin + Schaub, aus: René Salathé, Daniel Schaub und Michael Martin. «Baselland», Basel 2012

13–20 Denkmäler der Geschichte

- Foto von Holzmodell mit Sonnenuntergang. Zur Verfügung gestellt von Hans-Jörg Rickenbacher

13. Das Stadttor
- Stadttor von Laufen. Friedrich Reinhardt Verlag, aus: Urs Hobi und Klaus Brodhage. «Basler Momente», Basel 2008, Foto: Klaus Brodhage
- Spalentor. Friedrich Reinhardt Verlag, aus:

Urs Hobi und Klaus Brodhage. «Basler Momente», Basel 2008, Foto: Klaus Brodhage
- St. Alban-Tor. Friedrich Reinhardt Verlag, aus: Urs Hobi und Klaus Brodhage. «Basler Momente», Basel 2008, Foto: Klaus Brodhage
- St. Johannstor. Friedrich Reinhardt Verlag, aus: Urs Hobi und Klaus Brodhage. «Basler Momente», Basel 2008, Foto: Klaus Brodhage

14. Die Burgunder Konfektschale
- Fotografie der Burgunderschale. Dichter- und Stadtmuseum Liestal

15. Das Denkmal der Trennung
- Hülftenschanz-Denkmal. Friedrich Reinhardt Verlag, aus: Urs Hobi und Klaus Brodhage. «Basler Momente», Basel 2008, Foto: Klaus Brodhage

16. Die Sirene
- Sirene. i Stock

17. Der Wappenfels
- Chessiloch. Archiv Kantonale Denkmalpflege BL, Foto: Stefan Buess 2014

18. «Toblerone»
- Panzersperren in Form einer Toblerone. Friedrich Reinhardt Verlag, Foto: Laurids Jensen
- Panzersperren mit Soldaten in Form einer Toblerone. Staatsarchiv Basel-Stadt, AL 31, 25–1

19. «He died, so we may live in liberty»
- Flugzeug «Lazy Baby». Gemeinde Aesch, Foto: unbekannt
- Transport von Flugzeug, Perspektive von vorn. Gemeinde Aesch, Foto: unbekannt
- Zuschauermenge beim Flugzeug. Gemeinde Aesch, Foto: unbekannt
- Transport von Flugzeug, Perspektive von hinten. Gemeinde Aesch, Foto: unbekannt
- Denkmal beim Schlatthof von Bildhauer Kersten Käfer, 1995. Friedrich Reinhardt Verlag, Foto: Laurids Jensen

20. Die Homburg und «das gute Feuer»
- Holzmodell zu Beginn des Events in der Abenddämmerung. Zur Verfügung gestellt von Hans-Jörg Rickenbacher
- Holzmodell vor dem Event. Zur Verfügung gestellt von Hans-Jörg Rickenbacher
- Brennendes Modell in der Nacht. Zur Verfügung gestellt von Hans-Jörg Rickenbacher

21–23 Glocken – landauf, landab

- Herbstmesse, Karussell in der Nacht. Kanton Basel-Stadt, Foto: Bettina Matthiessen

21. Das Mässglöggli
- Martinskirche. Friedrich Reinhardt Verlag, aus: Urs Hobi und Klaus Brodhage. «Basler Momente», Basel 2008, Foto: Klaus Brodhage
- Herbstmesse, Karussell. Friedrich Reinhardt Verlag, aus: Urs Hobi und Klaus Brodhage. «Basler Momente», Basel 2008, Foto: Klaus Brodhage
- Herbstmesse Riesenrad. Friedrich Reinhardt Verlag, aus: Urs Hobi und Klaus Brodhage. «Basler Momente», Basel 2008, Foto: Klaus Brodhage

22. Die Rätsche
- Alte Rätsche. Ernst Feigenwinter-Archiv, Reinach

23. Die Basler Glocke
- Bild von Spendenaufruf aus dem Jahr 1833
- Restaurant Chilchli in Bärenwil. Friedrich Reinhardt Verlag, Foto: Laurids Jensen

24–26 Zoologische Stadtspuren

- Löwe an Türgriff. Friedrich Reinhardt Verlag, Foto: Laurids Jensen

24. Basler Elefanten
- Bild von Miss Kumbuk. Staatsarchiv Basel-Stadt, BSL 1001 G 1.2.29
- Elefant beim Münster. Friedrich Reinhardt Verlag, aus: Lukas Landmann. «Basel in Bildern/Basel Illustrated», Basel 2010, Foto: Lukas Landmann

25. Basler Störche
- Der Gasthof zum Storchen, 1887. Im Vordergrund der Fischmarktbrunnen. Staatsarchiv Basel-Stadt, AL 45, 2–10–1
- Storchenpaar. Pixabay

26. Löwen in Stadt und Land
- Löwe an Fassade. Friedrich Reinhardt Verlag, Foto: Laurids Jensen
- Säulenträger Münster Löwe. Friedrich Reinhardt Verlag, Foto: Laurids Jensen
- Markuslöwe, Haus zum Venedig. Friedrich Reinhardt Verlag, aus: Lukas Landmann. «Basel in Bildern/Basel Illustrated», Basel 2010, Foto: Lukas Landmann
- Löwe an der Westfassade des Klosters Schönthal bei Langenbruck. Friedrich Reinhardt Verlag, Foto: Laurids Jensen

27–31 Bäume

- Eichenhain. Friedrich Reinhardt Verlag, Foto: Laurids Jensen

27. Baselbieter Eichen
- Der Eichenwitwald von Wildenstein im Jahre 1811. Radierung von Peter Vischer, Staatsarchiv Basel-Stadt, BILD Falk. A 448
- Eichenhain. Friedrich Reinhardt Verlag, Foto: Laurids Jensen
- Schloss Wildenstein um 1765. Stich von Emanuel Büchel und David Herrliberger, Staatsarchiv Basel-Stadt, BILD Falk. Fb 15, 3
- Eichenblätter. Friedrich Reinhardt Verlag, Foto: Laurids Jensen

28. Die Kopfweide
- Kopfweiden, frisch geschnitten. Zur Verfügung gestellt von Elisabeth Wirth-Vischer
- In einer Reihe gepflanzte Weiden. Zur Verfügung gestellt von Elisabeth Wirth-Vischer
- Weiden mit gelben, ausgeschossenen Ruten. Zur Verfügung gestellt von Elisabeth Wirth-Vischer
- Weidenkorbflechter. Zur Verfügung gestellt von Elisabeth Wirth-Vischer

29. Baselbieter Linden
- Alte Linde. Aus: René Salathé. «Neue Baselbieter ‹Merk-würdigkeiten›» Band 3, Liestal 2016

30. Der Maulbeerbaum
- Seidenraupe auf Maulbeerbaumblatt. i Stock
- Maria Sibylla Merian, Maulbeerbaum samt der Frucht. / Morus cum fructu, in: Kunstmuseum Basel, Sammlung Online, http://sammlungonline.kunstmuseumbasel.ch/40283/eMuseumPlus, Zugriff am 17.06.2020

31. Der Maibaum
- Maibaum in Reinach. Zur Verfügung gestellt von Buurezunft 1974
- Tanzgruppe und Maibaum. Zur Verfügung gestellt von Buurezunft 1974

32–35 Brauch und Tradition

- Fasnachtsgruppe. Friedrich Reinhardt Verlag, Foto: Jan Geerk

32. Der Vogel Gryff
- Bild von Floss mit dem «Wild Maa». Friedrich Reinhardt Verlag, aus: Urs Hobi und Klaus Brodhage. «Basler Momente», Basel 2008, Foto: Klaus Brodhage
- Nahaufnahme vom «Leu». Friedrich Reinhardt Verlag, aus: Lukas Landmann. «Basel in Bildern/Basel Illustrated», Basel 2010, Foto: Lukas Landmann
- «Wild Maa» und «Vogel Gryff» auf der Mittleren Brücke. Friedrich Reinhardt Verlag, aus: Urs Hobi und Klaus Brodhage. «Basler Momente», Basel 2008, Foto: Klaus Brodhage

33. Die Fasnacht
- Bild von Laternen auf Münsterplatz. Friedrich Reinhardt Verlag, Foto: Jan Geerk
- Tambourengruppe auf der mittleren Brücke. Friedrich Reinhardt Verlag
- Pfeifergruppe. Friedrich Reinhardt Verlag
- Kinder mit Larven. Friedrich Reinhardt Verlag

34. Ur-Töne
- «Hornbueben». Gemeinde Pratteln

35. Der Chienbäse
- Chienbäseumzug. Aus: René Salathé. «Neue Baselbieter ‹Merk-würdigkeiten›» Band 3, Liestal 2016

36–40 Das kulinarische Erbe

- Dreizackenbrunnen. Friedrich Reinhardt Verlag, Foto: Laurids Jensen

36. Die Wirtshausschilder
- Tun Huang/zum Ochsen in Reinach, Rössli-Wirtshausschild und Zum Isaak Wirtshausschild. Friedrich Reinhardt Verlag, Fotos: Laurids Jensen

37. Der Hypokras
- Dreizackenbrunnen. Friedrich Reinhardt Verlag, Fotos: Laurids Jensen
- Flasche Hypokras. Zur Verfügung gestellt von Fabian Marti, Siebe Dupf Kellerei AG

38. Läckerli - mit y und ohne
- Zuckerglasur für die Basler Läckerli. Jakob's Basler Leckerly, Foto: Marco Aste
- Läckerli, die gerade zugeschnitten werden. Jakob's Basler Leckerly, Foto: Marco Aste
- Läckerli werden abgepackt. Jakob's Basler Leckerly, Foto: Marco Aste

39. Baselbieter Rezepte
- Oepfelchüechli. Pixabay

40. Die Rationierung
- Rationierungsmarke Basel-Stadt, Frühjahr 1919. Staatsarchiv Basel-Stadt, AL 45, 3-88-4
- Warteschlange im 1. Weltkrieg. Staatsarchiv Basel-Stadt, NEG 23152

41–47 Der häusliche Alltag im Wandel

- Buuchhüsli in Ziefen. Friedrich Reinhardt Verlag, Foto: Laurids Jensen

41. Vom Einkaufen zum Shoppen
- Geschäft ca. 1973, Siedlungsgenossenschaft Freidorf. Archiv Basellandschaft, PA 6438 8.3.1.06.013
- Ein Wehrmann im Laden des Freidorfs. Archiv Basellandschaft, PA 6438 8.3.3.3.04.03
- Einkaufzentrum von aussen und von innen. Friedrich Reinhardt Verlag, Fotos: Laurids Jensen

42. Vom Kellergemüse zum Eisschrank
- Milchmann Samuel Buser mit Brückenwagen in der Bützenen, 1933. Sammlung AGNH Sissach

43. Von der Petrollampe zur Glühbirne
- Grenze zwischen Basel und Frankreich in der Nacht. Friedrich Reinhardt Verlag, aus: Lukas Landmann. «Basel in Bildern/Basel Illustrated», Basel 2010, Foto: Lukas Landmann
- Alte Petrollampe. i Stock

44. Von der Wäsche zur Waschmaschine
- Buuchhüsli in Ziefen. Friedrich Reinhardt Verlag, Fotos: Laurids Jensen

45. Vom Kohleglätteisen zum elektrischen Bügeln
- Altes Bügeleisen. i Stock
- Neues Bügeleisen. i Stock

46. Vom Teppichklopfer zum Staubsauger
– Teppichklopfer. Pixabay

47. Vom Dorfbrunnen zum Hydranten
– Hydrant. Friedrich Reinhardt Verlag, Foto: Laurids Jensen
– «Brunnen-Hinweis» ausschliesslich für männliche Stadtgänger – unweit der Freien Strasse am Schlüsselberg. Friedrich Reinhardt Verlag, Foto: Laurids Jensen

48–50 Titelbild Schule und Freizeit

– Tinte und Federkeil. Pixabay

48. Die Schiefertafel, das Griffelschächtlein und die Schwammbüchse
– Dose von Mädchen mit Griffel und Tafel. Stiftung Schulmuseum Mühlebach
– Zwei Griffelschächtelchen. Stiftung Schulmuseum Mühlebach
– Alte Schiefertafel. i Stock

49. Das Tintenfässchen
– Tintenfässchen mit Feder. Pixabay

50. Sport und Spiel
– Kind macht Hüpfspiel. i Stock
– Schulkinder mit Trottinett. i Stock
– Alte Schlittschuhe. Pixabay

51–57 Arbeit und Fleiss

– Billeteure vor Tram. Tramclub Basel

51. Das Taschenmesser der Steinzeit
– Fotos von Pratteler Faustkeil im Museum BL. Archäologie und Museum Baselland, Liestal

52. Das Steinhauerdorf
– Kunstvoll gehauene Türstürze in Hemmiken. Friedrich Reinhardt Verlag, Fotos: Laurids Jensen
– Wappen der Gemeinde Hemmiken
– Gemeinde Hemmiken. Friedrich Reinhardt Verlag, Foto: Laurids Jensen

53. Das Mosaik
– Mosaik im Eingang des Kollegiengebäudes von Walter Eglin. Friedrich Reinhardt Verlag, Fotos: Laurids Jensen
– Walter Eglin bei der Arbeit. Zur Verfügung gestellt von der Museumskommission Känerkinden

54. Die Marktfrauenbank
– Marktfrauen-Bank in Muttenz. Friedrich Reinhardt Verlag, Fotos: Laurids Jensen
– Marktplatzbrunnen Basel, z. B. 1. Nov. 1986, 00.19 h, Bettina Eichin. Friedrich Reinhardt Verlag, Fotos: Laurids Jensen

55. Die Helvetica
– Helias-Helye-Statue in Laufen. Friedrich Reinhardt Verlag, Fotos: Laurids Jensen

56. Der Webstuhl
– Bandwebstuhl, Archäologie und Museum Baselland, Liestal (D2.12474), Foto: Arnold Seiler
– Nahaufnahme von Posamenterin Fräulein Emmy Buser mit Emma Buser-Grieder beim Aufmachen eines Posamentstuhls in Rünenberg. Das «Aufmachen» ist der gesamte Vorgang zum Einrichten des Webstuhls für den Betrieb. 1972, 1973. Archäologie und Museum Baselland, Liestal (D2.9806). Foto: Edouard Winniger
– Posamenterstube von Ernst Walliser. Blick aus dem Webstuhl heraus auf Posamenter Ernst Walliser beim Überprüfen der einzelnen Bänder. 1972, 1973. Archäologie und Museum Baselland, Liestal (D2.9784), Foto: Edouard Winniger
– Posamenterstube von Emmy Buser. Blick durch die Webmaschine von den Zettelrollen und dem Zettelrechen gesehen, hinter den Fäden links Emma Buser-Grieder, rechts Emmy Buser. Archäologie und Museum Baselland, Liestal (D2.9875), Foto: Edouard Winniger
– Posamenter Ernst Walliser (links) und Visiteur August Schmidt (rechts) bei der Inspektion der Webmaschine. 1972, 1973. Archäologie und Museum Baselland, Liestal (D2.9887), Foto: Edouard Winniger

57. Vom Billeteur zum Billettautomaten
– Alte Billets. Tramclub Basel
– Billeteure, Billeteusen. Tramclub Basel
– Grosser Billettautomat, 1. Generation, 1967. Tramclub Basel
– Kleiner Billettautomat, 1. Generation, 1967. Tramclub Basel

58–65 Der Verkehr – gestern und heute

– Industrie-Kreisel in Pratteln. Friedrich Reinhardt Verlag, Foto: Laurids Jensen

58. Das Floss
– Im Fluss Festival. IM FLUSS, Foto: Samuel Bramley
– Flösser auf der Birs bei Zwingen. Kupferstich von Matthäus Merian, 1625

59. Der Botenwagen
– Postkutsche vor dem Bären in Sissach, 1917. Sammlung AGNH Sissach

60. «Das erste Locomotiv»
– Bahnpersonal, v. l. Buser, Erwin Grieder, Opliger, Hans Mani, 1932. Sammlung AGNH Sissach
– Läufelfingerli, der letzte Dampfzug, 1953. Sammlung AGNH Sissach
– Gelterkinderbahn, Bahnhof Sissach, letzter Zug, 1916. Sammlung AGNH Sissach

61. Das Tramsegeln
– Altes Tram. Friedrich Reinhardt Verlag, aus: Urs Hobi und Klaus Brodhage. «Basler Momente», Basel 2008, Foto: Klaus Brodhage

62. Tempo und Staub

– Verkehrstafel mit Tempolimit zwischen Basel und Liestal. Friedrich Reinhardt Verlag, Foto: Laurids Jensen

63. Vom Peitschenknall zum «ohrenbetäubenden Lärm»

– Postauto Sissach-Eptingen, 1926. Sammlung AGNH Sissach
– Postauto Sissach-Eptingen, vor der alten Post, 1917. Sammlung AGNH Sissach

64. Der Birsfelder Flugplatz

– Zwischenlandung des LZ 127 «Graf Zeppelin» auf dem Sternenfeld in Basel. ETH-Bibliothek Zürich, Bildarchiv/Stiftung Luftbild Schweiz / Foto: Swissair / LBS_SR01-01980 / CC BY-SA 4.0

65. Der Kreisel

– Birken-Kreisel in Reinach. Friedrich Reinhardt Verlag, Foto: Laurids Jensen
– Spielkreisel in Arlesheim. Friedrich Reinhardt Verlag, Foto: Laurids Jensen
– Hafenturm-Kreisel in Birsfelden. Friedrich Reinhardt Verlag, Foto: Laurids Jensen
– Natur-Kreisel in Binningen. Friedrich Reinhardt Verlag, Foto: Laurids Jensen
– Industrie-Kreisel in Pratteln. Friedrich Reinhardt Verlag, Foto: Laurids Jensen

66–69 Kommunikation

– ‹Bücher›-Telefonkabine. Friedrich Reinhardt Verlag, Foto: Laurids Jensen

66. Das Radio und das Weltgeschehen

– Alte Radios. Pixabay

67. Das Telefon und die Telefonkabine

– Stahlskulptur von Künstler Claudio Magoni. Foto: maboart.ch
– ‹Bücher›-Telefonkabine. Friedrich Reinhardt Verlag, Foto: Laurids Jensen

68. Die Weibelglocke – Kommunikation avant la lettre

– Weibelglocken. Sammlung Museen Muttenz

69. Handy-Einsamkeit und Weltverbundenheit

– Personen im ÖV mit Handy. i Stock

70–78 Illustre Baslerinnen und Basler

– Uli Schad Brunnen, Oberdorf. Friedrich Reinhardt Verlag, Foto: Laurids Jensen

70. Zaleukos

– Fassade von Liestaler Rathaus. Friedrich Reinhardt Verlag, Fotos: Laurids Jensen

71. Lucius Munatius Plancus

– Lucius Munatius Plancus Statue im Rathaus des Bildhauers Hans Michel. Friedrich Reinhardt Verlag, aus: Lukas Landmann. «Basel in Bildern/Basel Illustrated», Basel 2010, Foto: Lukas Landmann
– Lucius Munatius Plancus Statue im Rathaus des Bildhauers Hans Michel. Friedrich Reinhardt Verlag, aus: Urs Hobi und Klaus Brodhage. «Basler Momente», Basel 2008, Foto: Klaus Brodhage

72. Anna von Habsburg

– Grabmal im Münster. Friedrich Reinhardt Verlag, Fotos: Laurids Jensen

73. Erasmus von Rotterdam

– Grabtafel im Münster. Friedrich Reinhardt Verlag, aus: Lukas Landmann. «Basel in Bildern/Basel Illustrated», Basel 2010, Foto: Lukas Landmann

74. Sebastian Castellio

– Gedenktafel von Sebastian Castellio am Treppenweg zwischen der St. Alban-Vorstadt und der St. Alban-Kirche. Friedrich Reinhardt Verlag, Foto: Laurids Jensen

75. Uli Schad

– Radierung Hinrichtung der Bauernanführer 1653. Staatsarchiv Basel-Stadt, BILD Falk. A 489
– Uli Schad Brunnen, Oberdorf. Friedrich Reinhardt Verlag, Foto: Laurids Jensen

76. Theo, der Pfeifenraucher

– Bilder von Rekonstruktionen. Naturhistorisches Museum Basel, Gerhard Hotz
– Bild von Schädel. Naturhistorisches Museum Basel, Gerhard Hotz

77. Helvetia

– Helvetia auf der Reise. Friedrich Reinhardt Verlag, aus: Urs Hobi und Klaus Brodhage. «Basler Momente», Basel 2008, Fotos: Klaus Brodhage
– Helvetia auf der Reise. Friedrich Reinhardt Verlag, aus: Lukas Landmann. «Basel in Bildern/Basel Illustrated», Basel 2010, Foto: Lukas Landmann
– Strassburger Denkmal. Friedrich Reinhardt Verlag, aus: Urs Hobi und Klaus Brodhage. «Basler Momente», Basel 2008, Fotos: Klaus Brodhage
– St. Jakobsdenkmal. Friedrich Reinhardt Verlag, aus: Urs Hobi und Klaus Brodhage. «Basler Momente», Basel 2008, Fotos: Klaus Brodhage

78. Der Papst

– Papst beim Eingang zum Ratssaal des Basler Rathauses. Friedrich Reinhardt Verlag, Fotos: Laurids Jensen

79–81 Heilige in Stadt und Land

– St. Wendelinkapelle in Zwingen. Friedrich Reinhardt Verlag, Foto: Laurids Jensen

79. Die Hl. Barbara

– Symbolbild der Heiligen Barbara. shutterstock

80. Der Hl. Niklaus von Flüe

– Niklaus von Flüe an der Fassade vom Rathaus in Liestal. Friedrich Reinhardt Verlag, Foto: Laurids Jensen

81. Der Hl. Wendelin
– Gemeindewappen von Dittingen
– St. Wendelinkapelle in Zwingen. Friedrich Reinhardt Verlag, Fotos: Laurids Jensen

82–83 Heim- und Fernweh

– Gemälde mit dem Titel «A niederländische Kriegsschiff salutieren» von Willem van de Velde des jüngeren (1633–1707). Niederländischer Marinemaler aus dem 17. Jahrhundert. Bild-ID: F7PHJW, alarmy

82. Das Heimweh
– Titelseite der Dissertation von Johannes Hofer
– Porträt von Carl Spitteler. Schweiz, circa 1900. Zentralbibliothek Zürich, Spitteler, Carl I, 7, https://doi.org/10.7891/e-manuscripta-55499 / Public Domain Mark

83. Das Fernweh
– Gemälde mit dem Titel «A niederländische Kriegsschiff salutieren» von Willem van de Velde des jüngeren (1633–1707). Niederländischer Marinemaler aus dem 17. Jahrhundert. Bild-ID: F7PHJW, alarmy
– Titelseite von Buch «Schiffarten» von Samuel Brun. Universitätsbibliothek Basel

84–91 Glück

– Liebesschlösser am Käppelijoch, Mittlere Brücke. Friedrich Reinhardt Verlag, Foto: Laurids Jensen

84. Das Glücksrad
– Glücksrad an westlicher Fassade vom Münster. Friedrich Reinhardt Verlag, aus: Urs Hobi und Klaus Brodhage. «Basler Momente», Basel 2008, Foto: Klaus Brodhage

85. Das Finderglück
– Fibel. Archäologie und Museum Baselland, Foto: Tom Schneider

86. Das Salzglück
– Empfangsschein Saline 1831. Schweizer Salinen AG
– Arbeiter beim Bohrturm, 1944. Schweizer Salinen AG
– Arbeiter in der Saline, 1905. Schweizer Salinen AG
– Fabrikgebäude, 1860. Schweizer Salinen AG
– Bohrtürme, 1930. Schweizer Salinen AG
– Bohrturm im Winter, 1996. Schweizer Salinen AG

87. Das Liebesglück
– Liebesschlösser am Käppelijoch, Mittlere Brücke. Friedrich Reinhardt Verlag, Fotos: Laurids Jensen

88. Das Eheglück
– Allemandi-Münze aus dem Jahr 1895. Legat E. Allemandi, Bürgergemeinde der Stadt Basel

89. Das Picassoglück
– Pablo Picasso, «Venus et l'amour», 1967. Kunstmuseum Basel, Fotograf Martin P. Bühler; Copyright pro litteris Zürich; © Succession Picasso / 2020, ProLitteris, Zurich
– Pablo Picasso, «Le couple», 1967. Kunstmuseum Basel, Fotograf Martin P. Bühler; Copyright pro litteris Zürich; © Succession Picasso / 2020, ProLitteris, Zurich

90. Das Medaillenglück
– Carl Spittelers Nobelpreismedaille, 1919. Dichter- und Stadtmuseum Liestal, Fotos: Andreas Zimmermann

91. Das Erdbebenkreuz – Glück im Unglück
– Ruine Pfeffingen. Friedrich Reinhardt Verlag, aus: Urs Hobi und Klaus Brodhage. «Basler Momente», Basel 2008, Foto: Klaus Brodhage
– Erdbebenkreuz von Reinach beim Dornacherweg. Friedrich Reinhardt Verlag, Foto: Laurids Jensen

92–95 Unglück

– Kirche in Ziefen. Friedrich Reinhardt Verlag, Foto: Laurids Jensen

92. Die Pest
– Die Pest, Gemälde von Arnold Böcklin. Gemeinfrei. Arnold Böcklin, Die Pest, 1898, in: Kunstmuseum Basel, Sammlung online, http://sammlungonline.kunstmuseumbasel.ch/eMuseumPlus?service=ExternalInterface&module=collection&objectId=1121&viewType=detailView, Zugriff vom 19.02.2020

93. Der Verlust der goldenen Altartafel
– Altartafel des Münsterschatzes. Historisches Museum Basel, Foto: P. Portner

94. Die Hinrichtung
– Beschriftung auf Schwert: INTER ARMA SILENT LIGENS. Altes Richtschwert aus der Familie Mengis C. Argau. Sammlung Museum Aargau, Fotos: Maël Roumois

95. Das Tunnel-Unglück
– Modell auf der Wiese bei Tag. Zur Verfügung gestellt von Hans-Jörg Rickenbacher
– Brennendes Modell in der Nacht. Zur Verfügung gestellt von Hans-Jörg Rickenbacher

96–100 Basler und Baselbieter «Schlüsselbücher» der Geschichte

– Merianplan 1615. Staatsarchiv Basel-Stadt, BILD 1, 291

96. Enea Silvio Piccolomini (1405–1464): Die Stadtbeschreibung
– Merianplan 1615. Staatsarchiv Basel-Stadt, BILD 1, 291

97. Daniel Bruckner (1707–1781): «Versuch einer – Beschreibung historischer und natürlicher Merkwürdigkeiten der Landschaft Basel»
– Daniel Bruckner (1707–1781): «Versuch einer Beschreibung historischer und natürlicher Merkwürdigkeiten der Landschaft Basel.»

98. Fritz René Allemann (1910–1996): «25mal die Schweiz»
– Buchcover von Fritz René Allemann (1910–1996). «25mal die Schweiz», 1965

99. Georg Kreis und Beat von Wartburg (Hg.): «Basel. Geschichte einer städtischen Gesellschaft» (2000)
– Buchcover von Georg Kreis und Beat von Wartburg (Hg.): «Basel. Geschichte einer städtischen Gesellschaft», Basel 2000

100. «Nah dran, weit weg» (2001)
– Buchcovers von «Nah dran, weit weg. Geschichte des Kantons Basel-Landschaft»

Autor

René Salathé, geb. 1927 in Pratteln, Dr. phil. Historiker, war Gründungsrektor des Gymnasiums Oberwil und Mitherausgeber der Baselbieter Kantonsgeschichte «Nah dran, weit weg». Ausserdem ist er Autor zahlreicher regionaler Publikationen: «Das Kloster Schönthal – Kultur und Natur» – «Jugendjahre in der Nordwestschweiz 1930–1950» – «Die Birs – Bilder einer Flussgeschichte» – «Basler auf Reisen» – «Glocken im Baselbiet» – «Bleibende Spuren – Biografien» – «Neue Baselbieter Merkwürdigkeiten» (vier Folgen). Er erhielt 2001 den Kulturpreis des Kantons Basel-Landschaft.

Dank

Ich danke dem Friedrich Reinhardt Verlag für die Übernahme meiner «Bausteine» – insbesondere seiner kompetenten Lektorin Jeannine Wanner, die das Entstehen dieses Buches aufmerksam und inspirierend begleitet hat.